Les grandes ÉNIGMES de la Bible

Éric Denimal

Les grandes ÉNIGMES de la Bible

FIRST
Editions

ISBN 2-75400-035-6

Dépôt légal : 2e trimestre 2005
Imprimé en France
Conception couverture : Aurélia Lombard
Mise en page : Marie Housseau

Nous nous efforçons de publier des ouvrages qui correspondent à vos attentes et votre satisfaction est pour nous une priorité. Alors, n'hésitez pas à nous faire part de vos commentaires :

Éditions Générales First
27, rue Cassette
75006 Paris – France
Tél : 01 45 49 60 00
Fax : 01 45 49 60 01
e-mail : firstinfo@efirst.com

Sommaire

Introduction

La Bible comme la caverne d'Ali Baba

La Bible est le livre le plus imprimé depuis que l'imprimerie existe et elle demeure le best-seller mondial incontestable avec le record absolu de traductions disponibles. Au total, la Bible est traduite entièrement en 405 langues et le Nouveau Testament, la deuxième partie de la Bible qui commence avec les Évangiles, est accessible en 1 040 langues et dialectes.

En 2004, Ipsos a interrogé les clients d'une grande entreprise publique pour savoir quel était, selon eux, le livre le plus important qui soit. Et la Bible est arrivée en première position, avant *Les Misérables* de Victor Hugo et *Le Petit Prince* de Saint-Exupéry.

La Bible demeure donc le livre le plus fascinant qui soit pour un nombre impressionnant de personnes qui, d'ailleurs, ne l'ont pas toujours lue. Paradoxe ! De plus, la Bible est sans cesse contestée et la littérature moderne ne s'est pas gênée pour parler de livre truqué, codé, manipulé, forgé selon les besoins de pouvoirs plus ou moins occultes.

Quant à la vie de certains héros bibliques, comme Adam, Abraham, Moïse ou Samson, bon nombre d'historiens et même de théologiens soupçonnent qu'ils n'ont jamais existé que dans les imaginations, lesquelles les auraient progressivement façonnés.

Cependant, la Bible demeure un livre de référence incontournable. On ne peut comprendre grand-chose de notre héritage judéo-chrétien sans puiser en elle les explications de nos racines intrinsèquement inscrites dans plusieurs civilisations et jusque dans les fibres de notre âme européenne. Elle est également et naturellement un livre essentiel pour les chrétiens, quelle que soit la famille spirituelle à laquelle ils appartiennent (catholique, orthodoxe, protestante, anglicane ou évangélique). La Bible est également un livre important pour bon nombre de communautés plus ou moins religieuses, ésotériques ou occultes (les Témoins de Jéhovah, certaines francs-maçonneries et les Templiers).

La Bible relate les commencements du monde. Elle propose, comme d'autres sources importantes, des textes fondateurs qui expliquent la naissance de l'univers et des êtres vivants. Puis, elle raconte l'histoire d'une famille qui deviendra une tribu et bientôt une nation : Israël. L'histoire des Juifs, initialement appelés Hébreux, est résumée dans la première partie de la Bible, constituée de la Torah, des Écrits et des Prophètes pour les Juifs. Cette partie est ce que les chrétiens nomment Ancien Testament, ou Premier Testament. La deuxième partie de la Bible est essentielle pour le christianisme puisque c'est l'histoire de Jésus-Christ et de ses disciples, puis les débuts de l'Église qui y sont racontés. C'est le Nouveau Testament.

L'Ancien Testament est le plus pittoresque des écrits anciens parce qu'il contient des histoires extraordinaires, des biographies à couper le souffle, des intrigues étrangement modernes et des mystères en grand nombre. Ce sont quelques-uns de ces mystères et autres récits épiques que nous allons tenter de raconter, voire d'expliquer dans les pages qui suivent.

Pour entrer dans l'épaisseur de ces récits, il faut partir d'un premier postulat : la Bible est crédible. Sans entrer dans une lecture fondamentaliste des textes de l'Ancien Testament, nous allons partir du fait que le texte, en lui-même, n'est pas remis en question. En effet, si nous abordions chacune des histoires choisies en mettant en doute la véracité de ce qu'elles relatent, nous n'aurions plus rien à comprendre ou à décrypter puisque tout serait sujet à caution.

Ainsi, par exemple, nous allons nous arrêter sur le mystère entourant le meurtre d'Abel par Caïn. Si d'emblée nous décidons que cette triste affaire n'est qu'un mythe et n'a donc jamais existé, il est évident qu'il n'y a plus rien à en tirer sinon un beau mensonge pour faire peur ! Nous partirons plutôt d'une hypothèse de travail qui sera de chercher ce que le récit veut transmettre au-delà des faits bruts. Car, et c'est bien l'une des constantes de la Bible, si elle raconte une aventure humaine, c'est pour enseigner tous les humains ; si elle explique une condition, c'est pour que toutes les générations en tirent des leçons.

C'est sans doute ce qu'avait à l'esprit l'apôtre Paul,

auteur de plusieurs lettres colossales (théologiquement parlant) du Nouveau Testament lorsqu'il écrivait à son ami Timothée : « Toute l'Écriture est inspirée de Dieu et utile pour enseigner la vérité, réfuter l'erreur, corriger les fautes et former à une juste manière de vivre, afin que l'homme selon Dieu soit parfaitement préparé et équipé pour accomplir toute bonne action. »

Nous allons donc partir à la découverte de quelques-unes des histoires les plus surprenantes, les plus attachantes, les plus instructives aussi de l'Ancien Testament, en évitant le catéchisme primaire qui enferme dans une interprétation des textes. Sans oublier cependant qu'il faut une certaine dose d'ouverture à la foi pour entrer dans l'ambiance de ce livre qui, s'il est un monument littéraire incontestable et une source fabuleuse pour la perception de l'humanité, dans sa sagesse comme dans sa folie, est aussi un livre qui fonde partiellement ou totalement les trois religions monothéistes, à savoir le judaïsme, l'islam et le christianisme.

Voici comment nous allons aborder les chapitres suivants. Dans un premier temps, nous raconterons, à la façon du roman historique, une histoire trouvée dans la Bible. Ensuite, nous questionnerons le texte et son sens, en recherchant premièrement une explication par la Bible elle-même. En effet, la Bible ne fait pas que narrer une aventure humaine, elle tente de la décrypter et elle s'explique en interne, mais parfois à plusieurs siècles de distance. Ainsi, l'assassinat d'Abel par son frère ne suscite pas vraiment de commentaires lorsque l'auteur du livre de la

Genèse relate les faits dans leur brutalité. Or, bien des siècles plus tard, l'apôtre Paul tente une explication du drame dans une de ses lettres écrites après la mort de Jésus-Christ.

Donc, tenter de comprendre la Bible par la Bible, ou en montrer aussi les paradoxes, les contradictions internes en suivant des principes défendus par les auteurs successifs de ce livre qui n'est autre qu'une bibliothèque unique.

Nous poserons ensuite des questions et verrons comment les lecteurs ont cherché à percer le secret des énigmes et des mystères, dont les explications ne font parfois que soulever d'autres problèmes insolubles… pour le moment !

Eric Denimal

La plupart des citations bibliques que nous introduisons dans ce livre sont extraites des versions françaises les plus récentes, notamment la Traduction œcuménique de la Bible (TOB), la Bible en français courant et la Nouvelle Bible Segond. D'autres traductions sont parfois utilisées ; elles sont toutes mentionnées dans la bibliographie, à la fin de ce volume. Dans cette bibliographie sont aussi indiqués la plupart des ouvrages de référence qui ont servi à enrichir et à documenter ce livre.

Chapitre 1

L'homme et la femme

Au commencement, Dieu façonne l'homme de la terre, puis de cet homme il extrait la femme. Ces images ne sont pas simplement folkloriques, elles cachent l'essence même de l'humain tiré de l'humus. Mais en ce premier homme androgyne s'ouvre la béance suite à sa féminité confisquée.
Il ne pourra désormais combler cette absence qu'en trouvant son âme sœur, son épouse qui épouse son corps.
(cf. Genèse 1 et 2)

L'histoire de l'humanité commence dans un jardin, et quel jardin ! Celui que l'on connaît sous le nom de Jardin d'Éden cache bien son nom et surtout son caractère. Car, depuis la nuit des temps, l'Éden est associé à la volupté, aux délices, au plaisir. Ce n'est pas le paradis pour rien !

Dieu, que la Bible ne prend pas le temps de présenter ou d'expliquer, a créé l'univers et tout ce qu'il contient ; de l'infiniment grand à l'infiniment petit. Après qu'il a différencié les ténèbres des lumières, écarté le haut du bas, séparé la mer de la terre, bordé le jour de la nuit… il commence à jardiner et à faire pousser toute espèce de plantes et d'arbres, de fleurs et de légumes. Satisfait, il décide de peupler ce vaste espace d'animaux qui devront occuper tous les lieux créés, aussi différents les uns que les autres : des poissons pour les océans et les rivières, pas les mêmes d'ailleurs ; des oiseaux pour occuper les espaces aériens ; des bestioles qui se faufilent partout et des monstres qui dominent des savanes entières… Il en fait tant et tant qu'aujourd'hui encore, après des millénaires, on découvre toujours des espèces d'animaux, notamment des poissons et des insectes, jusqu'ici inconnues, au plus profond des mers, au plus reculé des forêts, et parfois juste sous une pierre dans notre jardin !

Et voici l'homme !

Au sixième jour, Dieu façonne l'homme. Après avoir créé l'univers cosmique et sans doute infini, il se focalise sur la planète Terre et se lance dans la sculpture. C'est ce que dit le premier livre de la Bible, la Genèse.

Donc, à la genèse de l'histoire, de notre histoire, Dieu prend de la terre et la pétrit en modelant un être humain. Ce n'est que le début d'une redoutable aventure.

Voilà donc l'Humain, c'est-à-dire issu de l'humus. L'homme est un terreux, un glaiseux ! Dieu est une espèce de potier qui malaxe la glaise pour lui donner une forme et en faire sortir l'homme, à son image. De la poussière, il invente un être qui, mort, retournera à la poussière ; d'où l'expression ! Mais avant de mourir, il lui faut vivre.

Pour l'heure, voici l'homme, voire le prototype d'homme ! Être différent de tous les autres, même s'il en singe quelques-uns, il concentre en lui-même toute l'humanité à venir ! Mais plus que l'humanité, les deux genres qui la composent.

Lorsqu'on lit le rapport sommaire de la création dans le premier chapitre de la Bible, on a l'impression que Dieu invente au fur et à mesure, mais ne partant de rien d'autre que de son imagination terriblement féconde. Puis, il y a une rupture dans le rythme du récit fondateur. On dirait que l'on revient un peu en arrière, que l'on fait un zoom sur la dernière œuvre de Dieu pour analyser plus en détails cette merveille peu banale, puisqu'il s'agit de vous et de moi en devenir : l'homme.

À moins que les premières pages de la Bible racontent plusieurs histoires ! Au commencement, il semble y avoir plusieurs débuts.

Dans un premier temps, nous lisons le récit de la création tout entière qui, naturellement, ne se passe pas en une semaine, mais en périodes de temps assez longues, voire très longues. En effet, au hasard d'une de ses pages et d'un de ses auteurs, la Bible signale que pour Dieu, *mille ans sont comme un jour, et un jour comme mille ans.* Donc un premier, deuxième ou cinquième jour de la création peut représenter des millénaires. Les sept jours de la création ne peuvent être des journées de 24 heures. D'autant que ce qui permet de mesurer les jours et les nuits, ce sont les rotations de la

Terre autour du Soleil. Or, la mise en place divine des astres se situe au quatrième « jour » !

Enfin, après avoir brossé un résumé rapide de la création du monde et de la Terre, une loupe est posée sur le dernier exploit de Dieu : l'homme.

Un homme signalé comme étant à la fois mâle et femelle, non différencié sexuellement. Ce n'est pas là un détail ; il suffit de voir la place que prend le sexe dans notre vie pour être convaincu qu'il ne s'agit pas d'une figure de style et qu'il est nécessaire de s'y arrêter un peu.

« Dieu créa l'humain Adam à son image, à l'image de Dieu il le créa, mâle et femelle il le créa ! » Voilà une citation redondante et énigmatique.

L'homme androgyne ?

Si nous espérons, à partir d'une telle affirmation, découvrir et le créateur et la création, nous avons bien des mystères à résoudre. En effet, cette simple phrase est pleine de surprises. La première est de constater que le sujet (Dieu) est présenté dans une forme plurielle (donc « dieux »), mais le verbe est au singulier (« créa » et non « créèrent »). De fait, il faudrait écrire : « Dieux créa », et être recalé en orthographe ! De plus, et puisque Dieu crée à son image, Adam est – comme Dieu – à la fois singulier et pluriel puisque l'être nouveau est mâle *et* femelle (et non pas mâle *ou* femelle). À cette lecture, nous sursautons et le rédacteur du texte s'y attend puisqu'il insiste en répétant : « mâle *et* femelle il *le* créa. »

Voilà qui est précis et énigmatique : l'être humain semble être premièrement, initialement, originellement, dès la genèse de son existence, un être androgyne. Un mythe peut naître !

Dieu est unique, mais il n'est pas un (la Trinité se dessine) et l'homme est unique, mais il est double : à la fois mâle et femelle.

Statuer sur Dieu n'est pas aisé, mais cette découverte sur l'homme fait rêver, ou fantasmer, ou cauchemarder. Car si dans son humanité la plus profonde, dans sa nature adamique initiale, l'être humain est androgyne, une telle révélation ouvre des perspectives nouvelles que les bisexuels et les homosexuels pourront saisir comme justification de leurs activités.

La science, qui n'a pas pour vocation de crédibiliser la Bible, dit pourtant depuis longtemps que l'homme est constitué, biologiquement, d'hormones mâles et d'hormones femelles. Il combine en lui un principe masculin et un principe féminin. Le chantier que représente la formation d'un être dans le ventre de sa mère, va rapidement être le lieu d'un dualisme entre ces deux principes et celui qui l'emportera déterminera, rapidement, le sexe de l'enfant.

Biologiquement, le mécanisme est assez simple, voire facile, mais psychologiquement, la mise en place d'une sexualité est plus longue, et plus risquée. À l'adolescence, l'enfant sait qu'il a un sexe et il sait lequel depuis longtemps, mais dans son psychisme des luttes existent encore et toujours. Les ajustements se feront, globalement, dans une certaine logique et le sexe psychologique correspondra au sexe biologique et physique, mais des altérations peuvent surgir. Pour certains, ce seront des accidents, des déviations, des perversions, mais quel que soit le terme utilisé, il y aura toujours des êtres humains qui ne seront pas en phase avec leur sexualité visible, donc biologique. Les drames surgissent alors.

Quoi qu'il en soit, il est clair que la Bible parle bien d'un être primal, Adam, qui serait une espèce d'androgyne. Lequel reçoit la mission d'être fécond !

Une curiosité voudrait sans doute savoir comment les choses devaient alors s'accomplir, mais le voile n'est pas levé.

Et Dieu créa la femme !

Selon la Bible, l'homme est issu d'une volonté créatrice de Dieu et non le fruit de l'accouplement d'Hermès et d'Aphrodite (duquel provient Hermaphroditos). Cependant, la mythologie grecque a peut-être puisé son inspiration dans ce que dit la Genèse. En effet, l'hermaphrodite chez qui sont réunis les organes reproducteurs des deux sexes, pourrait être un écho lointain de l'origine humaine, sans ignorer cette perception intime qu'il y a en chacun de nous une part de masculinité et une part de féminité.

Le Dieu de la Bible est artiste et créateur ; il crée l'homme à son image et il le crée androgyne. Voilà un résumé audacieux que les catéchètes ont du mal à accepter ou à appréhender.

Selon le texte biblique, Dieu forme l'homme de la terre

qu'il pétrit, puis il fait œuvre de chirurgien puisqu'il va extraire la femme de l'homme. Il est clair que la femme n'est pas façonnée comme l'homme l'a été, à savoir de la glaise. Elle émane de l'homme, de sa côte ou de son côté, nul ne le sait, mais elle surgit bien de l'homme. Étonnamment, on pourrait dire que Adam accouche d'une femme. Dieu, après une anesthésie générale sur Adam, procède à l'opération. À son réveil, l'homme découvre l'autre… s'en étonne et s'exclame : « *Voici la chair de ma chair, voici la femme.* » (Genèse 2. 23)

Mais laissons la Bible relater cet événement peu banal :

> « *Le Seigneur Dieu prit l'homme et le plaça dans le jardin d'Éden pour le cultiver et pour le garder… Le Seigneur Dieu dit : Il n'est pas bon que l'homme soit seul ; je vais lui faire une aide qui sera son vis-à-vis… Alors le Seigneur Dieu fit tomber une torpeur sur l'homme, qui s'endormit ; il prit une de ses côtes et referma la chair à sa place. Le Seigneur Dieu forma une femme de la côte qu'il avait prise à l'homme et il l'amena vers l'homme. L'homme dit : "Cette fois c'est l'os de mes os, la chair de ma chair. Celle-ci, on l'appellera "femme" car c'est de l'homme qu'elle a été prise. C'est pourquoi l'homme quittera son père et sa mère et s'attachera à sa femme, et ils deviendront une seule chair. Ils étaient tous les deux nus, l'homme et sa femme, et ils n'en avaient pas honte.* »
>
> (Genèse 2. 15-25)

L'androgyne court le risque de la solitude, et avant même qu'il exprime son attente, Dieu va lui trouver un vis-à-vis, une alliée, une aide.

Ici, une parenthèse. Tous les traducteurs de la Bible, tout au long de l'histoire, ont eu du mal à traduire l'hébreu peaufiné et élitiste de ces textes fondateurs parce que ces derniers sont comme des poupées russes : il y a toujours un autre sens derrière le précédent, et les jeux de mots s'enroulent jusqu'à l'étourdissement, ouvrant sur des explications vertigineuses. Or, les mêmes traducteurs sont victimes des cultures qui les environnent et les habitent. Dans des cultures phallocrates, patriarcales, misogynes, il est parfois difficile de saisir le statut de la femme qui « découle » de l'homme. Or, le texte biblique, dans sa précision d'orfèvre, ne dit pas que la femme est une « aide » parce que ce terme suppose une place hiérarchiquement inférieure, mais elle parle d'un vis-à-vis, d'un allié (le terme hébreu *ézer* est d'ailleurs un masculin alors qu'il existe bel et bien un féminin de ce mot, mais non employé ici).

L'allié, l'*alter ego*, l'autre qui sortira du bloc opératoire de Dieu est la réponse à cette étrange constatation : *« Il n'est pas bon que l'homme soit seul. »*

Lorsque Dieu lui-même, contemplant son action depuis le début de la création, déclare que ce qu'il fait est bon, on peut le comprendre sans prendre cela pour de l'autosatisfaction facile. Dans les premières pages de la Bible, six fois Dieu dit que ce qu'il fait est *bon*, et la septième fois, ravi, il déclare que c'est même *très bon* ! Dès lors que Dieu est Dieu, et donc parfait, ce qu'il fait est bon et parfait. Or, le chapitre 2 de la Genèse signale un doute, un soupçon, un mécontentement de Dieu tandis qu'il observe sa créature. Il trouve qu'Adam n'est pas fait pour être seul. Indirectement, il reconnaît qu'il n'a pas parfaitement terminé son travail sur l'homme.

Cependant, l'homme est-il réellement seul, puisque Dieu est là ? Pourquoi a-t-il créé l'homme sinon pour avoir sa compagnie ?

Voici une amorce de réponse : L'homme, à l'image de Dieu, semble être un dieu sur terre et c'est très certainement là le trouble de Dieu ; Lui dans le ciel et l'homme sur la terre. Un dieu partout, match nul ! Et si Dieu veut rester unique, il ne faut pas qu'une créature se prenne pour Dieu, même si la mission reçue est de dominer sur la terre, d'en être le chef ! Finalement, c'est peut-être pour Dieu qu'il n'est pas bon que l'homme soit seul. En effet, si l'homme se met à croire en lui-même et en sa toute-puissance, voire en son immortalité, il y a soudain de la concurrence dans l'air. Un homme qui se prend pour Dieu n'a plus besoin de Dieu ! Dieu ne peut supporter qu'une créature se prenne pour lui, que l'horloge se prétende horloger.

Un indice peut permettre de mieux saisir ce raisonnement : c'est après avoir dit à l'homme de ne pas manger de l'arbre de la connaissance du bien et du mal que Dieu se rend compte qu'il ne faut pas que l'homme reste seul !

Le secret de Dieu

Et pourtant, l'homme pouvait-il espérer mieux : un jardin magnifique, des conditions de vie idéales, un Dieu proche et bienveillant... C'est ce que certains ermites ont cherché comme modèle suprême : loin des autres et seul, dans un cadre idyllique, pour converser tranquillement avec Dieu, hors du temps, voire hors de son corps qui, sublimé, n'exprime plus aucun besoin.

Mais voilà, Dieu est un esprit tandis que l'homme est dans un corps. Dieu est éternel et l'homme inscrit dans le temps. Dans ce lieu qu'est le jardin, un peu moins paradisiaque que nos imaginations le prétendent (il faut le cultiver, donc le travailler ; le garder, donc il y a danger), l'homme ne peut connaître le bonheur qu'avec un autre qui soit autre que Dieu.

Alors Dieu va poursuivre sa création en sa créature. Il va transformer l'androgyne pour en faire un masculin *et* un féminin, deux entités distinctes mais issues l'une de l'autre. De l'homme va surgir la femme, laquelle devenant mère, sera l'avenir de l'homme en faisant l'homme.

Dieu était seul lorsqu'il créa le monde et ce qu'il contient. Quand l'homme est créé le sixième jour, tout est déjà fait et donc il n'a pas été témoin de la création. Cela reste du secret de Dieu et, à l'avenir, toutes les curiosités humaines se heurteront définitivement à cette absence de témoignage humain.

Par contre, au moment de la « création » de la femme, l'homme existe et il pourrait être spectateur et observateur attentif de ce qui va se produire. Mais non ! Dieu invente l'anesthésie générale et c'est encore dans le secret qu'il perfectionnera son travail. Il semble bien que ce soit dans la volonté de Dieu de cacher certaines choses qui, d'une part lui permettent de garder son statut de Dieu et, d'autre part, lui donnent de faire bientôt appel à la foi ; un rapport spécifique et unique entre l'homme et lui.

L'opération qui fera de l'androgyne un être, et même deux, sexuellement différenciés, reste donc un mystère. Dès lors, il est facile de dire que la sexualité humaine, et la différence sexuelle entre l'homme et la femme, est et restera un mystère inexplicable.

Tous les psychiatres pourront tenter de saisir cette différence et cette unicité nécessaire, il n'en demeure pas moins que toutes les spéculations s'arrêteront au moment de l'anesthésie !

Tu me manques déjà !

Lorsque l'homme se réveille masculin et qu'il voit l'autre et l'appelle « femme », il manifeste une certaine joie, mais surtout, il sent en lui que cette alliée est bien de lui (*os de mes os, chair de ma chair*) et quand bien même Dieu a recousu la plaie, une béance est née. Un manque réclame l'absent, le séparé ! L'homme masculin ne peut plus être seul sans en souffrir. Il lui faut retrouver l'autre, féminin, pour redevenir l'être humain initial. Dès lors, l'homme cherche sa moitié en la femme et lorsqu'elle et lui se trouvent et se reconnaissent, ils font un tout, un tout nouveau ancien !

Plus loin dans le texte biblique, il est écrit qu'Adam va connaître Ève : connaître, dans le sens biblique, c'est faire l'amour avec.

Et la formule liturgique entendue lors de mariage est

directement extraite de ces textes fondateurs de la Bible : *L'homme quittera son père et sa mère et il s'unira à sa femme ; ils feront une seule chair* (Genèse 2 .24).

Par l'union sexuelle, l'humain mâle retrouve l'humain femelle. Dans le geste d'amour, ils atteignent le paradis, l'extase, la volupté ! Et ils deviennent créateurs !

CHAPITRE 2

Le Jardin d'Éden

Selon l'étymologie et les termes employés pour le décrire,
le Jardin d'Éden est le Jardin de la volupté et de la sensualité.
Le plaisir y est « à fleur de peau », d'ailleurs, les acteurs sont nus !
C'est le Jardin des délices par excellence. Mais où se situe-t-il ?
S'il est totalement imaginaire, pourquoi le texte biblique dit-il qu'il
est encadré par quatre fleuves, dont deux existent toujours
et deux sont introuvables ?
(cf. Genèse 2)

Le jardin extraordinaire

Après que la Bible a raconté, dans son tout premier chapitre, l'origine du monde et des êtres vivants (en tout cas des terriens), elle revient en arrière pour reparler de l'homme.

Dieu faisait le monde dans le chapitre premier, il prépare maintenant un jardin au chapitre 2. On pourrait dire que Dieu va travailler désormais non plus sur le cosmos, mais sur un échantillon de la nature qu'il a créée. Cet échantillon, ce laboratoire, c'est l'Éden, le jardin de la sensualité.

Le terme utilisé pour parler de ce lieu mis en exergue, c'est celui qui donne le mot *parc* (du persan *pardès*) ou paradis (*paradeison*, jardin en grec). Le texte étant en hébreux, il faut aussi faire remarquer que « jardin », dans cette langue, vient de la racine « garder ». Un clin d'œil anglais et voilà le *garden* gardé, *the Garden of Eden* ! Le jardin d'Éden sera le lieu gardé où Dieu accordera une protection particulière à l'homme en devenir. Mais ne brûlons pas les étapes et contemplons cet étrange paradis. Lequel paradis est aussi une image de l'homme psychologique qui trouve premièrement sa sécurité (gardé) pour trouver sa jouissance (Éden), comme dans son jardin secret !

Dieu se fait jardinier ; il domestique donc la nature sauvage qui semble être le lot du reste de la création, et il va « discipliner » les végétaux pour en faire un parc, un Éden. Le créateur est certainement dans la suite logique de l'ordonnancement. Après avoir réglé le chaos cosmique, il ordonne la nature terrestre, expression permanente de sa volonté de mettre de l'ordre : un jardin à la française !

Naturellement, depuis toujours, les hommes ont recherché le sens de ce mot Éden puisqu'il semble être un lieu précis. Retrouver le paradis perdu est une quête aussi célèbre que celle du Graal ou du trésor des Incas !

Selon les langues anciennes, et il faut bien puiser dans cette archéologie-là, le mot *edinu* viendrait de l'akkadien (Mésopotamie) et désignerait la steppe.

Cette Mésopotamie, l'Irak actuelle, est le berceau de l'humanité. De là vient Sumer qui sera à l'origine de l'écriture ; de là aussi vient l'Akkad, l'Assyrie et la Babylonie. Au cœur de cette steppe va surgir une oasis, matrice de l'humanité.

Il est étonnant de constater que la Bible fait remonter l'origine de l'homme en Mésopotamie. Or, un autre texte célèbre parle de la même antiquité, mais d'une source plus directement sumérienne, c'est *l'Épopée de Gilgamesh.* Des parallèles sont indispensables pour comprendre cette genèse de l'histoire humaine, et pour mieux mesurer d'autres énigmes autour du jardin d'Éden.

Mais il est toujours bon de comprendre la Bible par la Bible et trouver des « preuves internes », surtout dans la science du langage. C'est ainsi que l'on retrouve, dans d'autres pages de la Bible, le mot Éden et ce, lors d'une occasion très spéciale.

Un petit saut dans l'histoire, dans le sens de l'histoire pour en arriver à l'époque d'Abraham et de Sarah son épouse. Le couple est vieux, et même très vieux, presque centenaire. Alors qu'Abraham était encore jeune, il avait reçu une formidable promesse de la part de Dieu : *Tu auras une progéniture aussi nombreuse que les grains de sable du désert, que les étoiles dans le ciel !* (Genèse 22.17) Superbe avenir en perspective, mais Sarah est stérile ! Un détail qui risque fort de mettre à mal les promesses du Très-Haut. Les années passent et, naturellement, aucun enfant ne vient réjouir le couple en question. Et un jour, des visiteurs étranges viennent chez Abraham et lui assurent : *Dans un an, ta femme enfantera un fils.* Sarah, en entendant cette annonce alors qu'elle est restée, en femme discrète et soumise, sous une tente, se met à rire (sans doute de dépit) et déclare : *Comment cela pourrait-il arriver ? Usée comme je suis et tandis que mon mari est trop vieux, comment pourrais-je encore connaître le plaisir, l'Éden !* (Genèse 18.12)

Selon la Bible, l'Éden est une espèce de plaisir, de jouissance, de volupté, à l'image de ce que Sarah ne connaît plus. C'est pourquoi les traducteurs successifs de la Bible ont parlé du Jardin des Délices, du Jardin des Plaisirs. Un jardin où il fait bon et où l'homme et la femme peuvent se promener nus, sans en avoir honte.

C'est dans ce jardin, à fleur de sensualité, que l'homme et la femme sont placés. Et parce que l'on sait que ce paradis est un lieu de plaisirs, il faut le situer, le retrouver.

Le paradis perdu

Toutes les mythologies et toutes les légendes parlent d'une quête ; c'est celle du Graal, d'un Trésor ou même d'un jardin extraordinaire, très loin du monde connu, de l'autre côté d'un miroir ou dans un rétroviseur embué de nostalgie. C'est alors un lieu inaccessible sauf pour un héros devant passer par des aventures incroyables et souvent initiatrices. Ainsi, Gilgamesh, roi de l'antiquité mésopotamienne, devait atteindre un jardin merveilleux au centre de la mer, un jardin peuplé d'arbres en pierres ! Notez au passage l'originalité des arbres !

Par ailleurs, autre héros légendaire, Hercule, qui, de son côté, doit atteindre le jardin des Hespérides où il y a des pommes d'or. Nous retrouvons ainsi un jardin et des pommes !

Le jardin d'Éden est situé, selon la Bible, à l'Orient. Voilà un détail intéressant sauf qu'on ne sait pas à l'orient de quoi. C'est en tout cas du côté du soleil levant. Le soleil venant de ce côté, la vie en découle. Tous les temples sont « orientés » vers l'Orient. C'est d'Orient que viendront plus tard les patriarches bibliques, et même les mages qui rendront visite à l'enfant Jésus. Le terme *orient* est aussi celui qui donne le mot *origine*. Tout s'explique, ou presque !

Pour mieux situer le lieu paradisiaque, la Bible donne des détails géographiques qui sont une parenthèse très originale et nouvelle dans le récit jusqu'ici plutôt universel et cosmique.

« Le Seigneur Dieu planta un jardin au pays d'Éden, là-bas vers l'est, pour y mettre l'homme qu'il avait façonné. Il fit pousser du sol toutes sortes d'arbres à l'aspect agréable et aux fruits délicieux. Il mit au centre du jardin l'arbre de la vie, et l'arbre qui donne la connaissance de ce qui est bien ou mal. Un fleuve prenait sa source au pays d'Éden et irriguait le jardin. De là, il se divisait en quatre bras. Le premier était le Pichon ; il fait le tour du pays de Havila. Dans ce pays on trouve de l'or, un or de qualité, ainsi que la résine parfumée de bdellium et la pierre précieuse de cornaline. Le second bras du fleuve était le Guihon, qui fait le tour du pays de Kouch. Le troisième était le Tigre, qui coule à l'est de la ville d'Assour. Enfin, le quatrième était l'Euphrate » (Genèse 2. 8-14).

Une des énigmes importantes de ce texte est la présentation des quatre fleuves (ou bras d'un seul).

Il y a, naturellement, un aspect symbolique dans cette présentation, déjà indiquée par la présence d'arbres fabuleux (nous y reviendrons). Ensuite, le choix du nombre 4, lequel représente la totalité et toutes les directions, comme les quatre points cardinaux. Ces quatre fleuves permettent aussi un encerclement en même temps qu'une parfaite irrigation du jardin. L'importance de l'eau et son abondance permet de rappeler le sens et l'essence même de la vie, de son origine (orient). L'eau, c'est la vie ; or, la steppe ne peut devenir jardin sans sa présence, et les arbres ne peuvent donner de fruits abondants et délicieux sans être parfaitement arrosés.

Quatre fleuves donc – qui peuvent devenir, pour Gilgamesh, une mer au cœur de laquelle se trouvent un jardin et des arbres – et qui sont parfaitement nommés. De quoi réjouir n'importe quel Indiana Jones ; hélas, deux fleuves sont totalement inconnus et insaisissables. Le Pichon et le Guihon, même s'ils sont nommés avec des qualificatifs et des détails fantastiques, n'en sont pas moins introuvables. La façon dont ils sont mentionnés, avec leur aspect fabuleux, semble indiquer qu'ils sont plutôt le fruit d'une imagination où le féerique est de rigueur. La seule chose qui soit assez certaine, c'est le sens des noms que portent ces deux fleuves merveilleux : Pichon se traduit par « jaillissant », éclatant comme l'or qu'on y trouverait, fusant comme l'odeur parfumée du bdellium. Guihon peut se comprendre par « sourdant » ; or, ce fleuve qui se faufile est assez sensationnel pour entourer le pays de Kouch que l'on situe, généralement, du côté de l'Éthiopie ! Assez invraisemblable !

Par contre, les deux autres fleuves sont parfaitement connus, et même assez pour que leurs noms ne soient accompagnés d'aucun détail, comme si la chose était totalement évidente pour le lecteur : le Tigre et l'Euphrate.

Ainsi donc, ce jardin d'Éden est entouré de quatre fleuves dont deux sont très certainement imaginaires et deux sont localisables. Et comme nous sommes dans ce qui sera bientôt la Babylonie, on peut dire que l'Éden est un jardin de Babylone suspendu entre le réel et le virtuel, entre la réalité et le mythe. L'homme n'est pas encore entré dans l'histoire ; et l'histoire n'est pas encore inscrite dans la géographie.

C'est sans doute ainsi qu'une lecture originale des textes peut se poursuivre, sachant que la lecture scientifique est mise en échec autant que la lecture fondamentaliste.

L'arbre, trait d'union divin

Les fleuves sont là pour arroser le jardin et notamment les arbres. De façon surprenante, alors que toute la création est en place et que les arbres sont apparus dès le troisième jour, il semble que dans un échantillon de la steppe, Dieu plante de nouveaux arbres pour constituer le fameux jardin d'Éden ; et au milieu de cette nouvelle plantation, de cette forêt magnifique, il place deux arbres exceptionnels : l'arbre de la vie et l'arbre de la connaissance du bien et du mal. Le décor se peaufine avant l'entrée en scène des humains et, déjà, le regard est attiré par ces deux arbres dont, on le pressent, l'arrivée n'est pas anodine.

L'arbre, surtout celui qui cache la forêt, est une image essentielle dans les mythologies et les religions. Plus qu'un symbole, il est un élément important dans le cycle de la régénérescence de la nature. Il est aussi, par sa stature, un trait d'union entre la terre et le ciel. Dans le domaine des spiritualités multiples, il est souvent signe de l'axe du monde entre ses racines qui plongent dans les profondeurs de la terre, et ses branches qui se déploient librement dans l'espace et vers les nuées.

Dans plusieurs religions, l'arbre est lié à une divinité : le sapin est associé au dieu Attis (dieu phrygien de la végétation) ; le cèdre au dieu Osiris d'Égypte ; le chêne à Zeus en Grèce ; le laurier à Apollon.

L'arbre est signe de vie : ainsi, en Égypte encore, la déesse Hathor est dans un arbre duquel elle donne, à l'âme du mort, la nourriture.

Dans la Bible, les rois des nations sont parfois divinisés et comparés à des arbres : le pharaon égyptien est associé au cèdre d'Osiris et le roi de Babylone, Nabuchodonosor, est comparé à un arbre tout-puissant, culminant tous les autres et dans lequel tous les oiseaux de la terre se nichent. Or, la Bible refuse catégoriquement que les arbres soient divinisés pour devenir des « poteaux sacrés ».

Qu'est-ce donc que ces deux arbres de la forêt d'Éden qui, par leur nom, sont bien indiqués comme étant spéciaux.

L'arbre de vie, dont parle les premiers chapitres de la Genèse, fait penser, encore une fois, à *l'Épopée de Gilgamesh*, lequel va au cœur de la forêt pour cueillir la « plante de vie » munie de nombreuses épines, telle la rose. La difficulté étant de saisir la fleur sans se faire piquer, car ses égratignures sont mortelles. La vie appartient à qui peut cueillir la fleur sans dommage. Gilgamesh y parviendra, mais il sera ensuite distrait et un serpent viendra lui ravir cette plante magique.

Lorsque Dieu place l'arbre de vie au centre du jardin d'Éden, on peut se demander si cet arbre n'est pas une hyperbole de sa propre présence. En effet, dans les rares textes bibliques qui suivront et qui parleront encore de cet arbre, il sera question de la présence de Dieu.

À noter que Dieu n'interdit pas de manger du fruit de cet arbre ; ses fruits, comme tous les autres, sont offerts généreusement à l'appétit du premier couple.

Comme tous les fruits du jardin ? Eh non ! Car le second arbre exceptionnel, celui de la connaissance du bien et du mal, porte des fruits rigoureusement interdits.

Si l'arbre de vie a des « confrères » dans d'autres religions, l'arbre de la connaissance du bien et du mal est une exclusivité biblique. Absent de toutes les mythologies anciennes, il est aussi et superbement absent de toutes les autres pages de la Bible. En d'autres termes, cet arbre n'est mentionné que dans les toutes premières phrases de la Bible, puis il semble disparaître totalement. On n'en parle jamais plus. Ce qui augmente la dimension mystérieuse de cet arbre pour le coup fabuleux !

Les Targums, livres qui tentent d'expliquer la *Torah*, proposent de voir, en cet arbre, l'esprit scientifique qui permet de distinguer, de discerner ce qui est bon ou pas, juste ou injuste. Pour bon nombre de savants juifs et d'érudits rabbins, cet arbre est celui de la confusion du bien et du mal plus que celui de la connaissance. Manger du fruit de cet arbre, c'est entrer en confusion, dans le mélange des genres et finalement dans le chaos : manger, malaxer, mélanger !

C'est alors que le mystère se dévoile un peu. Au cœur du jardin d'Éden, ordonné et ordonnancé par le Dieu de l'Univers – qui est aussi celui qui règle l'ordre –, est placé l'arbre symbolisant le chaos initial auquel il serait possible de retourner.

L'arbre de vie étant celui de l'ordre, l'arbre de la confusion celui de l'avant-création, du chaos possible. D'où le verdict : *si vous en mangez, vous mourrez* ; vous perdrez contact avec l'autre arbre, celui de la vie.

Le dualisme éternel est en place : le bien/le mal ; la lumière/les ténèbres ; la vie/la mort.

Le jardin des délices, de tous les plaisirs, devient, comme il se doit, le lieu de toutes les tentations possibles.

Le même Dieu qui plante le jardin et y place les deux arbres dont l'un est mortel et l'autre source de vie, dira quelques pages plus loin dans la Bible : *Voici, j'ai mis devant toi la vie et la mort ; choisis ! Choisis la vie afin que tu vives !* (Deutéronome 30.19)

Le choix, voilà l'inévitable et l'incontournable choix, qui fait de l'homme un être responsable et libre sans quoi il n'est plus qu'une marionnette. Le choix, c'est aussi le lieu de tous les doutes et de toutes les erreurs possibles. Saisir la liberté est l'aspiration la plus haute de l'homme. Sans cette liberté, il n'est rien.

D'où la présence redoutable de ces deux arbres, au cœur, au centre de la forêt.

Le laboratoire de l'humanité

Voilà le décor planté. C'est le lieu du prochain drame. Dieu a fini de jardiner et, selon l'expression biblique, « il prend l'homme » pour le mettre dans ce jardin. D'où le prend-il sinon de la création du sixième jour pour le « dé-poser » là, dans le septième, destiné au repos. Comme le jardin semble un échantillon amélioré de la création tout entière, l'homme terreux va être placé dans un lieu cultivé où sa propre culture doit s'améliorer. Gradation, évolution, échelon, progression… L'homme est en passe de devenir un surhomme, habité du souffle divin. Il est prêt à cultiver, c'est-à-dire à rendre un culte à la terre jusqu'ici inculte ; du culte de la terre au culte du Dieu créateur, il n'y a qu'un coup de bêche !

Le jardin n'est pas seulement un lieu protégé qui va servir de laboratoire pour Dieu comme pour l'homme, c'est aussi – paradis perdu oblige – le souvenir ancestral d'une sédentarisation initiale et disparue. L'exclusion du paradis, ce sera le début du nomadisme. Pour l'heure, l'homme doit, comme les arbres dans le jardin, trouver ses racines. Dieu a planté… mais l'homme va *se* planter !

Chapitre 3

Le serpent qui parle

L'épisode de la tentation dans le Jardin d'Éden
(et de la pomme) est très connu.
Le diable s'attaque à la femme ; il est « matérialisé »
par un serpent qui parle
et dont la langue est naturellement fourchue !
Qui est vraiment ce serpent ? Il est présenté comme la plus intelligente créature de Dieu ! Mais n'est-il pas le ver dans le fruit ?
S'il parle très librement à Ève, pourquoi Adam,
à ses côtés, ne l'entend-il pas ?
Lorsqu'il est maudit par Dieu pour avoir entraîné le couple
dans le péché originel,
sa puissance est réduite, mais il n'est pas dit
qu'il devient muet pour autant !
(cf. Genèse 2)

L'épisode de la tentation au Jardin d'Éden est d'une telle importance, que nous livrons ici le texte tel qu'il est, dans toute sa simplicité. Finalement, il tient en quelques lignes, mais des lignes décisives, voire définitives. Déjà !

Voici donc la dernière phrase du chapitre 2 de la Genèse et les premiers versets du chapitre 3 :

L'homme et sa femme étaient tous deux nus, mais sans éprouver aucune gêne l'un devant l'autre.

Le serpent était le plus rusé de tous les animaux sauvages que le Seigneur avait faits. Il demanda à la femme :

– Est-ce vrai que Dieu vous a dit : « vous ne devez manger aucun fruit du jardin » ?

La femme répondit au serpent :

– Nous pouvons manger les fruits du jardin. Mais quant aux fruits de l'arbre qui est au centre du jardin, Dieu nous a dit : « Vous ne devez pas en manger, pas même y toucher, de peur d'en mourir. »

Le serpent répliqua :

– Pas du tout, vous ne mourrez pas. Mais Dieu le sait bien : dès que vous en aurez mangé, vous verrez les choses telles qu'elles sont, vous serez comme lui, capables de savoir ce qui est bien ou mal.

La femme vit que les fruits de l'arbre étaient bien jolis à regarder, qu'ils devaient être bons et qu'ils donnaient envie d'en manger pour acquérir un savoir plus étendu. Elle en prit un et en mangea. Puis elle en donna à son mari, qui était avec elle, et il en mangea lui aussi. Alors, ils se virent tous deux tels qu'ils étaient, ils se rendirent compte qu'ils étaient nus. Ils attachèrent ensemble des feuilles de figuier, et ils s'en firent chacun une sorte de pagne.

Personnage emblématique de cet étrange épisode, le serpent. C'est un animal que toutes les mythologies exploitent dans leur imaginaire et leur symbolique. À la fois fascinant, voire hypnotique, et franchement répugnant, il est présent dans toutes les légendes initiales et dans tous les textes fondateurs. Nous le disions déjà dans le chapitre précédent et cela se vérifie tout au long de la Bible, et pas seulement dans le chapitre de la tentation. Le charmeur de serpent est capable, paraît-il, de rendre inoffensif le cobra le plus terrifiant, mais qui fascine et anesthésie l'autre ? Quoi qu'il en soit, le serpent va fasciner la femme jusqu'à la séduire.

L'autre dieu !

Le serpent est une énigme à lui tout seul. Il intervient, selon la Bible, comme le contradicteur de Dieu, et il est lui-même divin, ou divination. Concurrence donc ?

Pourquoi est-il divin ? En hébreu, serpent s'écrit *nahash* et ce terme se traduit aussi par divination. Les présages sont des *nahashim* et pratiquer la divination, c'est « serpentiner » (*nahèsh*).

L'un des dieux égyptiens est le cobra, ou naja ; c'est un dieu du désert qui donne la mort.

Or Moïse, que la tradition signale comme étant l'auteur du livre de la Genèse, est aussi celui qui a été élevé dans la culture et la religion égyptiennes, puis celui qui a entraîné le peuple hébreu dans le désert avant d'atteindre la Terre promise. Le désert : milieu idéal du serpent. Et, dans ses pérégrinations du désert où le peuple va tourner en rond pendant 40 ans, Moïse va vivre une étrange expérience, dont les serpents sont des éléments vedettes.

En ce temps-là, le peuple se met à douter et de Moïse et

de Dieu. Il critique : « *Pourquoi nous avez-vous fait quitter l'Égypte ? Pour nous faire mourir dans le désert ?* » (Nombres 21.5). Alors, Dieu envoie contre eux des serpents venimeux ; ils mordent un grand nombre d'israélites qui en meurent. Le reste du peuple se précipite vers Moïse pour lui demander de faire quelque chose. Le Seigneur donne un conseil à Moïse : « *Façonne un serpent d'airain (bronze) et fixe-le sur une perche. Quiconque aura été mordu et le regardera aura la vie sauve...* »

Cet épisode est à l'origine du logo de la médecine moderne, le caducée : un serpent sur une perche. La guérison est ainsi annoncée.

Mais dans le langage biblique, la mésaventure des Hébreux est significative : les serpents viennent donner la mort et c'est en regardant un serpent de bronze que la vie est assurée.

Jeux de mots encore puisque si serpent se dit *nahash*, bronze se dit *nehoshet*. L'hébreu ne s'écrivant qu'avec les consonnes, on note la répétition *nhsh* qui, dans la foulée, parle aussi de la divination, laquelle est bibliquement interdite. En effet, une des lois de Moïse dit : « *Vous ne pratiquerez pas la divination* » littéralement : vous ne « serpentinerez » pas !

Mais revenons au jardin. Voilà donc le serpent susurrant, s'insinuant et rampant dans la conscience d'Ève.

Or, la mise en scène est incroyablement précise. Pour le décor, tout est dit : pour les costumes aussi. De fait, pas de costume ! L'homme et la femme sont nus, mais le serpent l'est aussi.

Comme déjà signalé, le texte fondateur joue incroyablement sur les mots et les consonances. Littéralement, le texte dit : L'homme et la femme étaient nus et ingénus (naïfs, sans avoir honte) ; le serpent était ingénieux (malin, coquin), de surcroît, nu comme un ver !

La construction du passage est à la fois équilibrée et très mêlée : nus-ingénus/ingénieux-nu.

Le serpent est rusé, malin et le Malin n'est pas loin. Et qui dit malin dit mal !

Dieu en déclin

Avançons dans l'enquête de ce qui s'est passé dans le Jardin d'Éden.

Pourquoi le serpent s'adresse-t-il à la femme et non à l'homme ? Et pourquoi pose-t-il d'emblée une question sur les dires de Dieu ?

Selon la chronologie des textes bibliques, on note que les ordres de Dieu quant à la possibilité de manger ou pas tel ou tel fruit, ont été donnés avant que la femme soit créée. Ève n'avait donc pas directement entendu la consigne, sauf lorsqu'elle ne faisait qu'un avec l'homme (voir chapitre précédent sur l'androgynie) ; sauf encore si Adam lui a ensuite redit la chose. En fonction de la réponse donnée au serpent, c'est le cas.

À noter aussi que le serpent ne met pas en doute l'existence de Dieu, mais s'attaque au bien-fondé de ses ordres. Par contre, subtilement, il ne parle pas du même dieu que celui dont il a été question jusqu'ici.

En effet, les premiers chapitres de la Bible, lorsqu'ils parlent de Dieu, utilisent une expression composée de deux mots que les éditions françaises les plus sérieuses traduisent par « le Seigneur Dieu », ou « l'Éternel Dieu », voire « Lui/Dieu ». En hébreu, l'expression est composée du tétragramme sacré YHWH (traduit parfois par Yahvé, qui donne aussi Jéhovah) suivi de Elohim.

Avant que le serpent ne parle de Dieu, on trouve donc dans le texte : YHWH/Elohim, puis le serpent arrive et dit simplement « dieu », de façon générique et sans toute la puissance grammaticale liée à l'image du Dieu créateur.

Le serpent parle bien de dieu, mais il introduit la notion d'un dieu décliné. Déjà, dieu n'est plus qu'une divinité dans la bouche du tentateur, et la femme va répondre en utilisant la même expression dévalorisée. C'est ainsi que la distance s'insinue, serpente et s'installe entre le créateur et sa créature.

Malin, le serpent biaise par la question. Il veut piéger en englobant une interdiction précise et donc limitée à l'ensemble de la situation. Et naturellement, il sème le doute de façon insidieuse : « *Quoi !* (sur le ton de la surprise, voire de l'indignation !) *Vous ne pouvez manger d'aucun fruit du jardin ?* » (Genèse 3. 1).

C'est là une bonne tactique pour déstabiliser Ève : le serpent éveille le questionnement, le ressentiment, l'aigreur. Et il laisse entendre que si une seule chose est interdite, tout est finalement interdit ! Thème d'actualité universel et éternel : si tout est permis sauf une chose, alors rien n'est vraiment permis ! *Donc, vous ne pouvez manger d'aucun fruit !*

Heureusement, la femme a bien appris la leçon et elle ne se laisse pas impressionner. Elle riposte même avec une certaine aisance. Elle rappelle l'interdit et sa limite. Mais voilà un détail intéressant, une originalité toute personnelle ; elle dit : « *Nous ne pouvons manger de tel fruit, et même nous ne pouvons y toucher !* » (Genèse 3. 3)

Voilà une réponse énigmatique en ce sens qu'Ève ajoute un interdit à l'interdit. Dieu n'a pas dit qu'il ne fallait pas y toucher. Et comme dans un texte pareil, les mots, les consonnes voire les absences de mots sont importants, ce détail n'en est pas un !

Finement et sans doute parce qu'elle se connaît assez pour savoir que si elle touche du fruit défendu, elle risque fort de ne pouvoir lui résister et finir par le manger, Ève se donne une deuxième barrière en contrefort. Selon elle, toucher du fruit serait donc déjà mourir !

Le serpent a conduit le regard de la femme sur la limite, après avoir limité et raccourci Dieu en dieu. Maintenant, la femme mesure sa frustration, et peut-être sa peur de mourir. Elle peut même trouver extravagant que toucher un fruit aussi anodin puisse entraîner la mort.

Dieu qui offrait tous les avantages d'un paradis délicieux devient un dieu menaçant, mesquin, injuste.

Mauvaise langue

Le serpent sape tous les repères et engendre autant le doute que la peur ! Et ce en disant justement : *N'ayez pas peur !*

C'est vraiment très malin d'éveiller une peur qu'Adam et Ève n'ont jamais éprouvée. Or, si nous avons tous plus ou moins peur de mourir, c'est parce que nous savons ce qu'est la mort, l'ayant hélas côtoyée et l'ayant vue à l'œuvre autour de nous. Mais le premier couple ne sait pas encore ce que ce terme recouvre vraiment. Qu'est-ce que la mort pour qui ne l'a pas vue ?

Faudrait-il avoir peur de la mort ?

« N'ayez pas peur » est une phrase qui appelle justement la peur !

D'ailleurs, la suite de l'histoire montre qu'après l'épisode du fruit défendu, deux découvertes viennent « ouvrir les yeux » du couple fatal : l'homme et la femme voient qu'ils sont nus et subitement ils ont peur !

Voilà par quelle porte est entrée la peur dans le cœur de l'homme.

Ce serpent a vraiment la langue bien pendue ; et surtout, il l'a fourchue. C'est cette étrange réalité de la langue fourchue qui fait du serpent le symbole idéal du double langage. Car à y regarder de plus près, le serpent a raison. Il n'est pas devin pour rien. En termes choisis, il dit qu'en mangeant du fruit défendu l'homme et la femme ne mourront pas ! De fait, la « pomme » du serpent n'est pas celle de la sorcière offerte à Blanche-Neige et la croquer n'entraîne pas une mort subite.

Si Adam et Ève pensaient qu'en mangeant le fruit interdit ils tomberaient raides comme s'ils avalaient du cyanure, le serpent a raison de dire que ce n'est pas là la vérité. Cependant, la suite de l'histoire dévoile le vrai sens de la mort annoncée dans la menace divine : l'humain, jusqu'ici à l'image de Dieu, devient mortel, au contraire de Dieu ! Mais par le double langage, le serpent cache cette réalité.

Le serpent propose le doute, et en enlève : *Vous ne mourrez pas !*

Puis il signale l'intention cachée de Dieu lorsque ce dernier restreint la liberté. Voici ce qu'il tente de démontrer à la femme attentive, fascinée, hypnotisée : « En fait, ce fruit vous donnerait la connaissance du bien et du mal, le discernement des choses, le droit de juger et donc la capacité de devenir juge : être comme Dieu ! Voilà ce que vous pourriez devenir, mais Dieu jalouse ses prérogatives et vous refuse le partage de ses privilèges ! »

Dit comme cela, il est clair que Dieu devient le vilain, et le Malin le bienfaiteur !

Et qui ne rêve pas d'être Dieu à la place de Dieu !

Il est facile de piéger quelqu'un en lui proposant ce que son cœur désire, au plus profond de lui ! Or, au plus profond d'Ève, que trouve-t-on ?

Nous sommes parfois victimes d'une lecture simpliste ou fondamentaliste des textes sacrés, voire victimes des imageries d'Épinal que des siècles d'artistes ont imprimées dans notre propre imaginaire. N'importe qu'elle représentation de l'épisode du Jardin d'Éden nous montre un arbre dans lequel s'est faufilé un serpent, et une femme nue saisissant un fruit. Cependant, plusieurs questions restent sans réponses.

Un serpent qui parle, est-ce vraiment sérieux, bibliquement ?

Certain répondront que, dans la Bible, il y a un autre

exemple d'animal qui parle, c'est l'âne du prophète Balaam. Certes, il y a un autre cas d'animal causant ; mais cet âne parle de la part de Dieu pour contredire le prophète lequel refuse justement de parler de la part de Dieu. Le parallèle est donc totalement contraire.

Autre problème : Pourquoi Adam, qui semble être au côté de la femme au moment de la tentation, ne semble pas entendre le serpent ; ni prendre la défense de Dieu ; ni protéger son épouse ; ni, d'ailleurs, l'aider à résister ? Car le texte dit bien que Ève, *mangea et donna à Adam qui était auprès d'elle !*

Oui, pourquoi Adam n'entend-il pas le fallacieux serpent ? Ne voit-il rien venir ? Le serpent serait-il invisible pour lui ? Et si tel est le cas, pourquoi n'interrompt-il pas sa femme qui semble parler à un fantôme ?

Tout est dans la tête !

Troisième question : Après la « chute », Dieu arrive et pose des questions à Adam, puis il en pose à Ève, mais il n'en pose pas au serpent. Est-ce parce qu'il ne veut pas lui adresser la parole ? Non, puisque Dieu « sanctionne » aussi le serpent !

Or, Dieu parle au serpent entre deux propos adressés à la femme :

Le Seigneur Dieu demande alors à la femme :

– Pourquoi as-tu fait cela ?

Elle répondit :

– Le serpent m'a trompée, et j'ai mangé du fruit.

Alors le Seigneur Dieu dit au serpent :
– Puisque tu as fait cela, tu es maudit…
Le Seigneur dit ensuite à la femme : …

Le serpent est au centre de l'histoire, mais ici, dans le récit, il est au centre de la femme. Au plus profond de cette femme, on trouve la convoitise, le désir de devenir « comme Dieu ». Les textes semblent dire que le serpent n'est pas aussi extérieur d'Ève que les images, les peintures, les vitraux semblent le montrer. Car un personnage mythologique ne prend-il pas sa naissance dans l'imaginaire de l'homme (ou de la femme) ? Et vouloir extérioriser le serpent jusqu'à en faire un personnage autre que soi, n'est-ce pas refuser qu'il y ait en l'humain un serpent sinueux et retors.

Voilà peut-être une explication à l'énigme : le serpent n'est pas dans l'arbre, mais dans la tête d'Ève. Il n'y a pas dialogue, à proprement parler, mais soliloque. Et comment Adam peut-il entendre ce qui se passe dans la tête de sa femme ?

Le serpent, en elle, est cette part de Dieu, part divine qui peut se livrer à la devinette (deviner, c'est être devin !), à l'imagination de ce que serait le monde s'il était créé autrement. Le Dieu créateur a mis en l'homme tellement de lui qu'il lui donne aussi le pouvoir et la faculté d'imaginer, voire de créer (on le verra encore dans le chapitre 4 : la femme crée un être vivant).

La femme imagine librement et l'imagination se retourne contre Dieu. Et finalement, Ève se fie à son jugement (elle vit que le fruit était bon et efficace…) et devient son propre Dieu.

Dire, médire, maudire !

Lorsque l'homme, interrogé par Dieu qui veut savoir ce qui s'est passé, répond : *Ce n'est pas moi, c'est la femme que tu m'as donnée...*, il se protège. Il pointe du doigt sa femme. Ce n'est pas très fair-play, surtout qu'en ajoutant : *c'est celle que tu m'as donnée,* il laisse entendre que Dieu ne lui a pas donné la meilleure des aides... mais surtout, il ne dit pas que tout vient du serpent. « C'est elle » insiste-t-il !

Et c'est elle que Dieu vise ensuite en l'interrogeant. Si Dieu s'adresse au serpent entre deux propos à la femme, n'est-ce pas parce qu'il voit en elle le serpent ! Le serpent n'est pas ailleurs qu'en elle.

Cette thèse n'est pas une nouvelle façon d'accuser la femme et ainsi de retomber dans une misogynie facile. Elle montre simplement que c'est en l'humain que se cache le germe de la convoitise. Toute la Bible dit, dans les nombreuses pages qui suivent ce texte fondateur, que le péché est entré dans le monde par un seul homme (et non par une femme), et que c'est par un seul homme que le salut arrivera.

Encore une chose : bien de mauvaises traductions de la Bible disent que « Dieu maudit le serpent », mais en fait, le texte hébreu propose une autre formule : *Alors le Seigneur Dieu dit au serpent : Puisque tu as fait cela, tu es maudit...* » Autrement dit : le serpent, par son double langage, se maudit lui-même ! La langue fourchue dit et contredit ; elle se condamne elle-même. Il n'est pas besoin d'avoir une lecture croyante de ces textes fondateurs pour recevoir pareille leçon !

Chapitre 4

Le premier meurtre

Deux frères, Caïn et Abel, et déjà un meurtre !
Qu'est-ce qui a entraîné Caïn à supprimer son frère ?
Les deux fils d'Adam se déchirent les faveurs de Dieu
et l'amour excessif d'une mère.
Mais le responsable du crime semble être Dieu lui-même
qui a marqué une préférence
pour Abel et ainsi rendu jaloux Caïn qui ne supporte
pas de ne plus être le préféré.
(cf. Genèse 4)

Une devinette circule : Qui, en un coup, tua le quart de l'humanité ?

Ne cherchez pas, la réponse est : Caïn.

En effet, selon la Bible et notamment le quatrième chapitre de la Genèse, Caïn, fils aîné d'Adam et Ève, tue son frère. Il n'a donc pas fallu longtemps pour que la violence de l'homme s'exerce contre l'homme.

Comme tout texte fondateur, cette histoire a de multiples lectures au-delà des faits qu'elle relate. Pour ne pas oublier un détail, voici l'épisode qui, s'il fait couler beaucoup d'encre et un peu de sang, tient en quelques lignes seulement !

L'homme connut Ève sa femme ; elle devint enceinte et accoucha de Caïn. Elle dit : J'ai mis au monde un homme avec (l'aide de) l'Éternel. Elle accoucha encore de son frère Abel. Abel devint berger de petit bétail et Caïn cultivateur. Au bout d'un certain temps, Caïn apporta des fruits du sol comme offrande à l'Éternel Abel, lui aussi, apporta des premiers-nés de son petit bétail avec leur graisse. L'Éternel porta un regard favorable sur Abel et sur son offrande ; mais il ne porta pas un regard favorable sur Caïn ni sur son offrande. Caïn fut très irrité, et son visage fut abattu. L'Éternel dit à Caïn : Pourquoi es-tu irrité, et pourquoi ton visage est-il abattu ? Si tu agis bien tu relèveras la tête, mais si tu n'agis pas bien, le péché est tapi à ta porte, et ses désirs (se portent) vers toi : mais toi, domine sur lui. Cependant Caïn adressa la parole à son frère Abel et, comme ils étaient dans les champs, Caïn se dressa contre son frère Abel et le tua. L'Éternel dit à Caïn : Où est ton frère Abel ? Il répondit : Je ne sais pas ; suis-je le gardien de mon frère, moi ? Alors Dieu dit : Qu'as-tu fait ? La voix du sang de ton frère crie du sol jusqu'à moi. Maintenant, tu seras maudit loin du sol qui a ouvert sa bouche pour recevoir de ta main le sang de ton frère. Quand tu cultiveras le sol, il ne te donnera plus sa richesse. Tu seras errant et tremblant sur la terre. (Genèse 4. 1 à 14)

Baudelaire, dans *Les Fleurs du Mal*, propose un poème inspiré par cet épisode biblique ; son texte est intitulé *Abel et Caïn* et sa conclusion est la marque de sa préférence pour l'aîné. Baudelaire réhabilite l'assassin. Il fait de Caïn et Abel non pas deux frères mais les prototypes de deux humanités qui s'opposent.

Dans le contexte historique du poète (XIXe siècle), le choix n'est pas innocent. Abel représente la bourgeoisie dominante. Caïn, lui, représente le peuple des exclus ; il est le symbole de l'injustice d'une société à deux vitesses. Fracture sociale, dirait-on aujourd'hui.

C'est l'annonce d'une révolution : la France d'en bas renverse la France d'en haut. Dans le poème de Baudelaire, la lignée de Caïn monte finalement au ciel et y déloge Dieu.

Race d'Abel, dors, bois et mange ;
Dieu te sourit complaisamment.
Race de Caïn, dans la fange
Rampe et meurs misérablement. (...)
Race d'Abel, voici ta honte :
Le fer est vaincu par l'épieu !
Race de Caïn, au ciel monte,
Et sur la terre jette Dieu !

Le poète analyse et interprète. Sa perception a ses limites qu'imposent le temps et l'Histoire. Cependant, en faisant des frères des prototypes de deux humanités, il a une intuition intéressante pour un agnostique ! Il cautionne la révolte de Caïn, et il est vrai qu'à la lecture du texte biblique l'injustice est flagrante. Car si Caïn tue son frère, c'est parce qu'il lui est insupportable que Dieu fasse d'Abel son préféré. Certes, le geste de Caïn est grave, mais si Dieu avait été équitable, s'il n'avait pas marqué une préférence, les relations entre les deux frères seraient restées bonnes. Or l'attitude de Dieu transforme ces deux garçons en frères ennemis. On ne peut pourtant condamner Caïn comme semble le faire la Bible et l'ensemble des lecteurs de cette Bible sans lui accorder des circonstances atténuantes. Dieu est le responsable premier de la détérioration des liens entre Caïn et Abel.

Et l'œil était dans la tombe

Si Baudelaire cherche à innocenter Caïn, Victor Hugo le traite comme un paria, même si son poème reprend l'histoire là où la Bible semble la laisser. Dans *La Conscience*, Hugo insiste sur l'errance morbide de Caïn, lequel cherche où fuir loin de Dieu. Et si nous avons oublié le fameux poème, nous nous souvenons au moins quelque peu de ces vers finaux :

Alors il dit : « je veux habiter sous la terre
Comme dans son sépulcre un homme solitaire ;
Rien ne me verra plus, je ne verrai plus rien. »
On fit donc une fosse, et Caïn dit « C'est bien ! »
Puis il descendit seul sous cette voûte sombre.
Quand il se fut assis sur sa chaise dans l'ombre
Et qu'on eut sur son front fermé le souterrain,
L'œil était dans la tombe et regardait Caïn.

Il est vrai que Caïn est souvent présenté comme le personnage mauvais et Abel comme le juste. Même l'un des disciples de Jésus, à savoir Jean, celui à qui l'on attribue un évangile, l'Apocalypse et quelques lettres apostoliques, écrit dans l'une de ses épîtres : « *Voici le message que vous avez entendu dès le commencement : aimons-nous les uns les autres. Nous ne devons pas être comme Caïn ; il appartenait au Malin et tua son frère. Et pourquoi le tua-t-il ? Parce que les œuvres que Caïn faisait étaient mauvaises, tandis que celles de son frère étaient justes.* » (1 Jean 3. 12)

Voilà qui est dit ! Et comment ne pas accepter les explications du disciple que Jésus aimait ? (Jésus aussi avait des préférences ?) Cependant, le « *Pourquoi le tua-t-il ? Parce que…* » de Jean n'est pas satisfaisant ! Et que savait cet évangéliste de plus que nous des actions de Caïn ?

Un autre texte du Nouveau Testament donne un éclairage sur l'épisode énigmatique qui nous occupe. Dans la lettre aux Hébreux, il est dit : *Par la foi, Abel offrit à Dieu un sacrifice meilleur que celui de Caïn…* (Hébreux 14. 4)

L'auteur de cette déclaration semble aussi avoir des indications que le lecteur actuel de la Bible n'a pas. Et comment pouvoir dire, plusieurs siècles plus tard, que c'est la foi d'Abel qui a fait toute la différence !

Sans vouloir émettre des doutes sur le jugement de Jean et sur celui de l'auteur anonyme de l'épître aux Hébreux – ce qui serait une contradiction avec notre volonté de tenter d'expliquer la Bible par la Bible – il faut reconnaître le sentiment d'insatisfaction face à ces explications un peu courtes. Et ce serait faire injure aux textes fondateurs que de ne pas espérer des indices cachés, à décoder et à décrypter, dans les premières lignes de la Genèse.

Revenir à la source

Alors menons l'enquête en revenant à la source.

Pour comprendre le conflit Caïn/Abel, il faut bien saisir le climat de toute l'histoire et du sens que veut prendre un texte comme celui-ci, à la fois historique et fondateur, symbolique et formateur.

Premier point, et non des moindres : la naissance de Caïn est une victoire sur la mort annoncée. Explications : Après la chute dans le jardin d'Éden et la nouvelle situation d'Adam et Ève, chassés dudit jardin, Ève a un premier fils. Intéressant de noter, au passage, que c'est à partir du moment où ils se savent mortels que l'homme et la femme répondent enfin à l'ordre divin : *Croissez et multipliez !* Il est vrai que lorsqu'on se sait mortel, on veut défier la mort au moins en procréant et en ne mourant pas totalement : la descendance est une façon de ne pas être effacé complètement de la vie. Ce n'est d'ailleurs pas pour rien qu'Adam donne enfin un nom à sa femme, maintenant que le couple est hors du paradis et qu'il connaît une échéance ; et ce nom enfin donné, Ève, veut dire *Vie* ! L'homme cherche sans doute à conjurer ainsi son sort. Et lorsqu'elle devient enceinte, c'est au tour d'Ève de faire « un pied de nez » à la mort.

Ève donne donc un fils à Adam et ainsi, elle défie et efface partiellement la sentence de mort.

Cela semble naturel pour nous aujourd'hui, mais rappelons-nous que nous sommes dans les commencements de l'humanité et que chaque nouveauté est également une première extrêmement importante.

L'homme eut des relations avec Ève sa femme ; elle fut enceinte et mit au monde Caïn. Elle dit : « J'ai produit un homme avec le Seigneur ! »

Voilà comment une traduction assez précise propose l'amorce de l'affaire. Sur le calepin de l'enquêteur, plusieurs remarques :

Premièrement : On dit *L'homme* et non Adam. Dans la logique biblique, le nom étant la personne, voire la personnalité, ne pas nommer c'est effacer. Dans le chapitre précédent, nous avions noté comment Ève rapetissait le nom de Dieu ; ici, c'est le mari qui est gommé à son tour. Même s'il a des rapports bien mentionnés avec sa femme, les relations semblent difficiles, et Ève s'écarte d'Adam pour se rapprocher de Dieu dans son rôle de mère-créatrice : « J'ai fait, j'ai créé, j'ai produit avec Dieu un homme ! »

Ève semble dire qu'elle a été fécondée par Dieu lui-même. C'est déjà un clin d'œil historique : le Nouveau Testament, comme l'Ancien, commence avec une femme qui se dit « visitée » par Dieu, et procréatrice d'un fils. D'une part Ève, d'autre part Marie. Or, plusieurs milliers d'années séparent les rédacteurs des deux histoires.

Si le texte de la Genèse n'avait pas évoqué précisément des relations entre Adam et Ève, nous aurions presque pu croire que Dieu était le père de Caïn. Adam est « oublié » et remplacé. En revanche, Ève-Vie est désormais comme Dieu puisqu'elle crée la vie et engendre un homme (pas un fils / *Ben*, mais un homme / *Ish* = humain). C'est une sacrée victoire proclamée : *J'ai créé quelqu'un ! Je suis créatrice !*

Deuxièmement : Caïn. Le nom de l'enfant est rapidement annoncé, lancé même comme un défi. Ce nom propulsé creuse le fossé avec Adam dont le nom est oublié.

Caïn est un nom riche de sens : en hébreu, il se dit *Qayin*. Ce mot, nous le retrouvons étrangement, comme pour une série de jeux, dans le terme traduit par *produit, acquis, fait* ou *procréé* : *Qaniti*, avec les consonnes fondamentales *QN*.

C'est là un terme qui marque la fondation, l'acquisition (*qanah* = acquérir), l'achat.

Mais il y a aussi, caché dans l'expression, le mot *Qana* qui est traduit généralement par *jaloux*. Indice intéressant car de jalousie il sera bientôt question.

Le nom Caïn est lié directement au verbe « créer » : j'ai créé un homme.

C'est dire le cri hargneux de la femme qui féconde, qui acquiert et donne la vie : la maîtresse du temps et de l'Histoire, la maîtresse de Dieu, dresse son fils comme un trophée et elle en fait trop !

Il faut se souvenir que l'homme a été façonné de la glaise. Après quoi, la femme a été tirée de la chair d'Adam. Maintenant, voici un nouveau cycle et style de naissance : par la voie qui, dès lors, devient la voie naturelle, normale, normative. Tous les êtres humains vont désormais arriver sur terre par le ventre matrice d'une femme. La femme est bien l'avenir de l'homme !

Ces deux indices ne sont pas là pour faire beau ! Ils montrent à la fois la revanche sur la mort annoncée et la victoire de la femme dans son rôle et sa mission accomplie de *Ève-Vie*. C'est aussi l'espoir porté sur le fils pour qui s'ouvrent tous les futurs possibles, les lendemains meilleurs.

Le premier sera le dernier

Mais soudain, une ombre, une menace ! Peut-être l'origine et le nœud de l'intrigue.

Elle ajouta à son frère Abel, dit le texte fondateur, avec une rigueur de couperet.

Il y a une différence terrible de traitement entre la naissance de Caïn, comme un cri de victoire, un défi à la mortalité, et la venue d'Abel, juste présenté comme un rejeton ajouté. C'est le problème immédiat du partage qui est soulevé et que signalent des psychologues, tel Marcel Rufo : *« Le cadet est toujours un intrus, au sens étymologique du terme : il pénètre dans la vie de l'autre, il arrive 'en plus'. »*

Le sens du nom Caïn était explicite, voire expliqué et commenté. En revanche, Abel est juste nommé. Au contraire du nom de l'aîné, le nom du cadet est terriblement dérisoire, il signifie : *souffle, vapeur, vanité.*

Caïn et Abel sont déjà opposés par Ève, leur mère, qui les sépare jusqu'à la rupture. L'un semble l'élu, l'autre est en trop. Cette différenciation, clairement énoncée dès le début, ne peut que formater le caractère des deux garçons.

Comme le texte n'est pas très bavard, il faut saisir chaque terme et chaque détail pour déloger les indices. C'est ainsi qu'il est possible d'observer que la Bible poursuit la présentation sommaire des deux frères en ces termes : *Abel devint berger de petit bétail et Caïn cultivateur.*

L'auteur de ces lignes signale le travail des deux hommes en présentant premièrement Abel. Manifestement, il a fait son choix et le mentionne discrètement. En effet, sa présentation des garçons est dans un ordre contraire à celui des naissances et des préférences d'Ève.

Abel est berger, et, dans le contexte, c'est indiquer qu'il est nomade. Caïn, lui, est cultivateur, et, par opposition, sédentaire. Or, Caïn travaille un sol qui, on s'en souvient depuis le chapitre précédent, est maudit par Dieu.

Cette remarque va aussitôt être saisie par un observateur hâtif à la recherche des torts de Caïn : en cherchant la raison pour laquelle Dieu regarde favorablement Abel et non Caïn, on pourrait aboutir à la conclusion que le choix du métier y est pour quelque chose. En effet, travailler le sol maudit et en tirer des fruits, c'est faire mentir Dieu. Ou, pour le moins, lui faire un nouveau « pied de nez » !

Mais l'enquêteur sérieux fera remarquer qu'il n'y a pas de malédiction liée au travail de la terre ; c'est, au contraire, la volonté de Dieu que l'homme la cultive.

En revanche, il est possible qu'en travaillant la terre Caïn cherche à reconstruire un jardin d'Éden ; une façon de revenir en arrière.

De ces deux perceptions, on croit tirer la raison du « regard favorable » et donc du regard « défavorable » ; est-ce juste ? Pas vraiment convaincant ! Mais avançons dans notre enquête.

Après quelque temps, Caïn apporta du fruit de la terre en offrande au Seigneur. Abel, lui aussi, apporta des premiers-nés de son petit bétail, avec leur graisse.

Chacun apporte à Dieu le fruit normal de son travail. Caïn prend l'initiative, et Abel l'imite. Or, la toute première question à se poser est la suivante : pourquoi Caïn a-t-il besoin d'offrir une offrande à Dieu qui n'a rien demandé ?

Caïn raisonne, puis il invente une démarche religieuse en apportant des offrandes à Dieu. Il doit certainement connaître ce Dieu, même s'il est exclu du Jardin. Dieu n'est pas absent de l'histoire et de l'aventure des premiers hommes. Le garçon est sans doute conscient, comme ses parents et même Abel, qu'il y a une rupture entre eux et leur créateur. Or, lorsqu'il y a rupture, l'homme sait, intuitivement et confusément, qu'il faut une médiation. Toute la Bible expliquera bientôt que le sacrifice est effectivement lieu de médiation. L'homme est religieux et doit être relié (*religaré*/religion) à Dieu. Caïn souffre de cette rupture et, en offrant le fruit de son travail, il manifeste son attente de réconciliation avec le Dieu créateur.

Comment ne pas saisir et saluer la démarche spontanée de Caïn, même si Dieu n'a rien demandé ? Il y a là soucis de conciliation, de réconciliation. Or, contre toute attente, cet élan spirituel, et déjà rituel, débouche sur un échec cuisant.

Le geste est pourtant assez beau pour inspirer à Abel des sentiments identiques. Le cadet manifeste le même désir en offrant, lui aussi, le fruit de son travail.

Le lecteur attentif notera que Caïn offre le fruit de ses récoltes, or, dans les pages de la Bible, celles qui parlent beaucoup des sacrifices et des offrandes, il est recommandé d'offrir les prémices de ses récoltes, et non les fruits de fin de saison. En d'autres termes, les premières gerbes, les primeurs des récoltes doivent être offerts. Ce sont les commencements qui doivent être apportés à Dieu, en gage de foi sur l'avenir. C'est d'ailleurs ce que fait Abel lorsqu'il offre, lui, les premiers-nés de son troupeau.

Voilà donc l'erreur de Caïn ! Voilà pourquoi Dieu dédaigne le sacrifice de Caïn et honore celui d'Abel ! Caïn a offert des « restes » !

Sauf que… Sauf que les lois sur les sacrifices ne sont pas encore écrites ni consignées. Et il serait indigne de la part du Dieu Créateur de juger deux hommes d'après une loi qui n'existe pas encore.

C'est l'intention qui compte !

De plus, même si Dieu donne des consignes précises sur les sacrifices à lui offrir, il dit aussi que ce qui compte le plus, ce ne sont pas les fruits, les primeurs, les graisses, les agneaux ou autres bestiaux, ce qui importe, c'est la disposition du cœur de l'officiant !

C'est donc le cœur que regarde Dieu ? Sans doute. Et du coup, l'auteur de la lettre aux Hébreux, dans le Nouveau Testament, a peut-être cerné le problème : *Par la foi, Abel offrit à Dieu un sacrifice meilleur que celui de Caïn…*

Alors, le dossier est-il clos ?

Il y a tout de même de quoi buter sur cette phrase laconique : *Le Seigneur tourna son regard vers Abel et son offrande, mais il ne tourna pas son regard vers Caïn et son offrande.*

Cette sanction est obsédante parce qu'elle touche plus que Caïn ou Abel. Là, les théologiens deviennent psychologues, sociologues, anthropologues ! Leurs questions sur le comportement de Dieu à l'égard de Caïn ne sont qu'une manière d'exprimer les angoisses et les interrogations personnelles de chacun. Le texte vient donc reparler de l'ensemble de l'humanité.

De façon plus rudimentaire, nous nous interrogeons : « Pourquoi lui et pas moi ? Pourquoi moi et pas les autres ? Pourquoi lui a de la chance et pas moi ? Pourquoi le malheur tombe toujours sur les mêmes ? Pourquoi est-ce si facile pour lui et si difficile pour moi ? » Et derrière toutes ces questions, cette autre, fondamentale : « Qu'ai-je fait, ou pas fait, pour mériter cela ? »

Tout le problème se situe dans une logique de mérite. C'est-à-dire du donnant-donnant.

C'est ainsi que la question essentielle de ce texte est la suivante : En quoi Abel a mérité l'approbation de Dieu et pas Caïn ? En quoi Caïn ne méritait-il pas, lui-aussi, les faveurs de Dieu ?

De fait, les mérites constituent une clef d'explication logique pour l'ensemble des relations humaines, une logique de rétributions et de récompenses. C'est ainsi que marche le monde.

Pourtant, quand bien même de nombreuses religions sont bâties, elles aussi, sur les mérites, les vertus, les qualités (et certaines églises chrétiennes y compris), il est clair que, bibliquement, les mérites ne sont pas pris en compte pour le salut. Il n'est donc pas concevable de prétendre que Abel méritait, par ses actes, un regard favorable alors que Caïn ne le méritait pas !

Tournons-nous en rond ?

Pas vraiment. Tout juste en spirale ! De fait, c'est l'offrande qui va faire parler Dieu. Caïn et Abel, confusément, cherchent à se faire remarquer par Dieu. Ils souhaitent être regardés comme n'importe quel croyant espère l'attention de son idole. Et c'est un risque que de convoquer Dieu en lui disant : « Regarde-moi ! » Car Dieu regarde, mais il voit plus que ce que l'adorateur décide de lui montrer.

C'est ainsi que Dieu se penche sur la situation des deux frères en train de « produire » leur spiritualité. Le regard que pose Dieu sur l'un comme sur l'autre ne se borne pas à observer le rituel, ni même de quoi il est composé : Dieu regarde bien davantage et voit non la situation présente, mais l'histoire tout entière de ces deux êtres.

Un jour, Dieu dira : *Je ne prends pas plaisir à vos sacrifices. Ce que je veux, c'est un cœur pur, un esprit bien disposé.* Voilà un écho de l'Ancien Testament que nous ne pouvons ignorer quand il s'agit de comprendre ce qu'il y a « dans la tête de Dieu ».

Et lorsque le Dieu de la Bible regarde les hommes, il remarque toujours les petits, les humbles, les démunis, les oubliés, les exclus… Il remarque les « Abel » qui ne sont que des ignorés, des « ajoutés », des « vapeurs ».

Abel est l'ombre de son frère ; il est l'ajouté de sa mère. Il n'est rien et du coup il est au bénéfice du regard favorable de Dieu.

Dieu ne s'est pas arrêté sur le geste immédiat des deux frères, mais il a regardé et jugé en prenant en compte toute leur existence.

Finalement, la conclusion du moment est d'une grande simplicité : c'est parce que ni Ève ni Caïn n'avaient de regards favorables à l'égard d'Abel qu'Abel reçoit la faveur de Dieu.

Or, si la jalousie de Caïn va conduire au drame avec le meurtre d'Abel, l'angoisse de Caïn ne fait que commencer.

Chapitre 5

Accouplement avec les anges ?

Alors que la terre se peuple,
il est dit que les fils de Dieu (des anges !)
séduisent les filles des hommes.
Ces relations donnent naissance à des géants
dont la Bible dit qu'ils sont les « héros des temps anciens »
Qui sont ces anges qui ne semblent pas asexués ?
Et qui sont les géants qui naissent de ces unions contre nature ?
(cf. Genèse 6)

Pour les lecteurs de la Bible, et surtout pour ceux qui s'attachent à la lettre du texte, les premiers chapitres de la Genèse sont un véritable casse-tête. Des dizaines de questions sans réponses satisfaisantes surgissent : le temps de chaque jour de la création ? Le premier et le deuxième chapitres parlent-ils de la même création ou de deux, comme un échantillon soustrait de la création globale pour entrer dans le « Laboratoire Éden » ? Quel sens donner à la mise à l'épreuve du serpent ? Et avec qui les fils d'Adam ont-ils pu procréer ?

Cela manque de femmes !

Cette dernière question n'est pas simple. D'après les textes de la Bible, Adam et Ève ont eu deux fils dont l'un tue l'autre et ce bien avant d'avoir fait de leurs parents des grands-parents. Certains tentent d'expliquer le meurtre d'Abel par Caïn en invoquant une dispute dont l'objet serait une femme qu'ils auraient tous les deux aimée.

Or, non seulement rien dans les textes de la Bible ne laisse sous-entendre une pareille hypothèse, mais de plus, cette Bible ne mentionne pas la présence de femmes autre qu'Ève.

C'est aussi à cause de cette unique femme, Ève, que certains pensent que Caïn n'avait d'autre alternative, pour s'assurer une descendance, que de coucher avec sa mère et de lui faire des enfants ! Ceux qui soutiennent cette théorie ne semblent pas gênés par l'inceste indirectement (voire directement) cautionné par Dieu lui-même ! Il fallait bien, disent-ils, faire quelque chose pour assurer la lignée ! Et de préciser qu'il n'y avait pas de risques puisque, la race étant pure (nous n'en sommes qu'au début de l'humanité) il n'y avait pas à craindre de troubles ou d'accidents liés à la consanguinité.

La pureté de la race est évoquée en d'autres circonstances ; ainsi le même argument est servi pour expliquer l'étonnante longévité des premiers héros de la Bible, avec son champion, Mathusalem, le grand-père de Noé, qui vécut neuf cent soixante-neuf ans (d'où l'expression : vieux comme Mathusalem).

Si la Bible ne parle pas de femmes, elle oublie peut-être seulement de signaler qu'Adam et Ève ont eu des filles. En effet, dans la mentalité moyen-orientale, les filles ne sont pas mentionnées dans les généalogies – à de très rares exceptions près. Ainsi donc, Caïn et Abel ont peut-être eu des sœurs ! Mais, là encore, un malaise demeure !

Lorsque Caïn a tué Abel, Adam et Ève ont eu un troisième enfant, mais ce fut encore un garçon prénommé Seth.

Même si cela nous dérange quelque peu, il faut faire référence à une réalité ancienne. Si l'auteur des premiers livres de la Bible est bien Moïse, comme le laisse entendre la tradition, il faut alors se souvenir que ce Moïse avait été élevé à la cour du pharaon d'Égypte et que, dans cette culture, les dynasties de rois se préservaient de façon étrange pour notre culture post-moderne : le pharaon pouvait en effet procréer avec sa fille, voire sa sœur ! Autres temps, autres mœurs, autres habitudes !

La question demeure : Avec qui Caïn et Seth ont-ils eu des enfants ? S'il n'y avait qu'eux sur terre, les réponses sont malaisées. On couche avec maman ou avec les petites sœurs ? Difficile de décider, et c'est dans des moments comme ceux-là que la lecture fondamentaliste manifeste ses limites.

Pour certains savants de la Bible (exégètes), il est possible, voire probable, que d'autres êtres humains occupaient la terre du temps de notre famille vedette. S'ils étaient restés dans le jardin d'Éden, Adam et Ève, et plus tard leurs fils, n'auraient peut-être pas rencontré ces autres êtres, d'autres semblables, d'autres humains. D'ailleurs, s'il fallait garder le jardin, c'est peut-être bien qu'il y avait des menaces extérieures ! De qui pouvait venir le danger si ce n'est d'autres hommes, plus sauvages ?

Lorsque Dieu donne l'ordre à Adam de croître et de multiplier, il savait certainement que, pour remplir une telle mission, il fallait des conditions précises. Et à l'homme de trouver les solutions.

Or, un détail survient dans la Bible au moment où elle récapitule la liste des premiers patriarches, d'Adam à Noé. Elle dit, notamment : *À l'âge de cent trente ans, Adam eut un fils qui lui ressemblait tout à fait. Il l'appela Seth. Après la naissance de Seth, Adam vécut encore huit cents ans. Il eut d'autres fils et des filles…* » (Genèse 5. 4).

Par ailleurs, après la mort d'Abel, Caïn dut fuir loin de Dieu et il se rendit dans le pays de Nod. Si la Bible donne ce nom, personne n'est parvenu à situer sérieusement ce lieu. En revanche, il est dit aussitôt que, dans ce pays, Caïn rencontra et épousa une femme. De cette union va naître Hénoc.

Le texte laisse entendre qu'ailleurs, loin du jardin d'Éden, il y avait donc une population et, parmi cette population, la future femme de Caïn. C'est ainsi que les hommes vont enfin se multiplier et remplir progressivement la terre, selon le texte fondateur. Puis, rebondissement dans cette histoire encore balbutiante : c'est l'énigmatique texte du chapitre 6 de la Genèse qui commence ainsi :

Lorsque les humains eurent commencé à se multiplier sur la terre et que des filles leur furent nées, les fils de Dieu virent que les filles des humains étaient belles et ils prirent pour femmes toutes celles qu'ils choisirent. Alors le Seigneur dit : Mon souffle ne restera pas toujours dans l'être humain, car celui-ci n'est que chair ; ses jours seront de cent vingt ans. En ces jours-là – et encore après cela – les Nephilim étaient sur la terre, lorsque les fils de Dieu vinrent vers les filles des humains et qu'elles leur donnèrent des enfants : ce sont là les héros d'autrefois, les hommes de renom.

Pointons les étrangetés d'un tel texte.

L'expression : des filles leur furent nées.

La présence des « fils de Dieu ».

Apparition des *Nephilim* !

Liaisons dangereuses

Premièrement, il est dit que les humains se multiplient et que des filles leur sont nées ! Il y a une façon négative et une façon positive de lire ces lignes. La façon négative, voire désobligeante, est de dire que les filles sont nées pour les hommes, pour leurs plaisirs de consommateurs. Est-ce là que la femme objet trouve sa source ? Ce serait une triste découverte ! Mais, il y a aussi une façon plus positive de lire le texte : les filles sont nées pour le genre humain, sous-entendu non pour d'autres genres ou espèces ! En d'autres termes, pas pour d'autres ; mais de quels autres s'agit-il ?

La question se pose à cause de la suite du texte qui laisse entendre que des « fils de Dieu » viennent s'accoupler aux filles des humains.

Les expressions employées sont claires : on parle bien de deux types de « personnes ». Si la Bible mentionne d'une part les fils de Dieu et d'autre part les filles des hommes, c'est que les deux « espèces » sont présentes, distinctes et différentes.

Ailleurs, lorsque la Bible utilise le terme « fils de Dieu », elle parle généralement d'êtres divins, d'anges ou de personnages célestes venus d'ailleurs. C'est le sens premier et c'est celui qui épaissit le mystère présent. Des êtres « extraterrestres » seraient-ils venus visiter la terre et particulièrement la chambre de ces dames ?

Ce qui est troublant, c'est que ces « anges » ne sont pas très angéliques. Ils regardent les femmes et disent, littéralement et vulgairement, qu'elles sont « bonnes ». Ils utilisent la même expression que nous trouvons dans la bouche de Dieu au moment de la création, lorsque, avec du recul, le Créateur contemple son œuvre et déclare que tout est « bon », voire « très bon ».

De plus, le texte signale que ces « fils de Dieu » qui trouvent les femmes « bonnes » les « prennent pour eux ». Et c'est encore un jeu de mots, un clin d'œil très explicite puisque cette façon de prendre est celle d'Ève lorsqu'elle saisit le fruit interdit pour le consommer ! Consommer prend ici son deuxième sens ! Ève prend parce que c'est bon ! Et elle croque « la pomme ».

Ainsi les « fils de Dieu » prennent pour femmes des femmes qui semblaient réservées aux hommes (les filles qui *leur* sont nées !). C'est un nouveau coup dur pour le Dieu qui, depuis de début de la Bible, tente de mettre de l'ordre en évitant les confusions : il sépare la lumière des ténèbres ; la terre de l'eau ; le haut du bas ; le jour de la nuit… et le divin de l'humain. Or, ici, le divin vient se mêler à l'humain ! C'est plus qu'il n'en peut supporter ! Comment accepter que le désordre se réinstalle ? Comment accepter que des êtres de chez lui (les fils de Dieu) se mêlent aux humains ?

Mais sont-ils vraiment des êtres célestes ? Des anges ? L'expression « fils de Dieu » est parfois utilisée pour parler des êtres puissants qui se prennent pour les descendants des dieux, comme le pharaon d'Égypte ou le roi de Babylone. Ces puissants hommes s'attribuent alors tous les droits, jusqu'à prendre des femmes qui ne sont pas les leurs. C'est ce que ce passage pourrait sous-entendre puisque dans la suite de la Bible, pareilles pratiques sont dénoncées avec deux exemples précis : le pharaon s'octroie la femme d'Abraham, Sarah, sous prétexte que cette dernière est très belle, et plus tard, le roi David prend sans hésitation la séduisante Bethsabée, femme d'Urie. Or, le Dieu de la Bible n'accepte pas le droit que se donnent les puissants et, dans les deux exemples cités, Pharaon comme David sont sévèrement punis. Les harems et le droit de cuissage des seigneurs ne semblent pas vraiment autorisés et c'est peut-être ce que cet épisode mentionne lorsqu'il parle des liaisons dangereuses entre les fils de Dieu et les filles des hommes. C'est ainsi que l'on pourrait aussi comprendre la sanction qui est de limiter à cent vingt ans l'existence des hommes, et non des anges.

Mais naturellement, d'autres pistes d'interprétations existent, et le mystère n'est pas aussi simplement résolu.

À partir du IVe siècle après Jésus-Christ, les Pères de l'Église, qui menèrent leur propre enquête, notèrent d'autres indices. Après la mort d'Abel et son remplacement par Seth, la Bible mentionne que Seth eut à son tour un fils, nommé Hénosch (à ne pas confondre avec le fils de Caïn, Hénoc). Et après la mention du fils de Seth, le narrateur ajoute : *C'est alors que l'on commença à invoquer le nom de l'Éternel Dieu.*

Ainsi, voilà que la descendance de Seth est signalée comme la première lignée d'adorateurs. Cette mention est faite sans doute pour différencier cette lignée de Seth à la descendance de Caïn ; la première est faite d'adorateurs, la seconde est maudite. De là à dire que la descendance de Seth est constituée de « fils de Dieu », de vrais religieux, il n'y a qu'un pas. Et le texte de Genèse 6 pourrait sous-entendre que les descendants de Seth s'offrent les descendantes de Caïn : fils de Dieu et filles des hommes !

Cette piste ne résout pas vraiment tous les problèmes du texte. La première difficulté qui surgit est de constater que la lignée d'adorateurs ne se comporte pas vraiment de façon très spirituelle en couchant avec des filles qui, *a priori*, sont d'une descendance maudite. Mais ce qui est le plus problématique dans cette union entre les fils de Dieu et les filles des hommes, c'est qu'elle donne naissance à des êtres étranges, les *Nephilim*. Qui sont-ils ? Difficile de le dire avec précision sinon en traduisant littéralement ce que ce mot hébreu veut dire. Et ainsi soulever une nouvelle énigme : les *Nephilim* sont « ceux qui sont tombés » ! Et tombés d'où ? Probablement du ciel !

Le mystère des *Nephilim* reste entier. La première traduction en grec de l'Ancien Testament qui, à l'origine, est en hébreu, date d'avant la naissance de Jésus. C'est la

Septante. Or, la Septante traduit *Nephilim* par *Géants* et signale bien que ces Géants sont tombés. L'origine céleste est sous-entendue, et le fait d'être « tombé » mentionne bien une déchéance, une perdition.

Dans le Nouveau Testament, on parle de la situation d'anges déchus : *Les anges qui n'ont pas gardé la dignité de leur rang, mais qui ont quitté leur propre demeure, Dieu les a gardés dans des chaînes perpétuelles au fond des ténèbres en attendant le grand jour du jugement.* (Jude 6)

Cette citation parle d'êtres célestes, de « fils de Dieu » qui se seraient mélangés, quittant leur origine et leur demeure, pour commettre des actes indignes. Faut-il rapprocher cette situation mentionnée dans le Nouveau Testament de celle dont nous tentons de comprendre les méandres ? Peut-être !

Ce qui semble acquis, c'est que les anges déchus sont coupables d'actes « contre nature » !

Et le sexe des anges alors ?

Oui mais ! D'après la Bible et son meilleur porte-parole, Jésus lui-même, les anges ne se marient pas. En effet, un jour, des théologiens de l'époque, qui refusaient l'idée de résurrection, demandent à Jésus ce qu'il en sera d'une femme plusieurs fois veuve après sa mort dans l'idée absurde – selon eux – qu'il y ait une vie après la vie. Avec qui sera-t-elle mariée dans l'au-delà ? Le premier, le deuxième, le troisième mari ? Et Jésus répond : *Vous êtes dans l'erreur, parce que vous ne comprenez ni les Écritures, ni la puissance de Dieu. Car à la résurrection, les hommes ne prendront pas de femmes, ni les femmes de maris, mais ils seront comme les anges de Dieu dans le ciel...* (Matthieu 22. 29-30)

C'est à partir de cette réponse surprenante de Jésus que les anges ont été présentés comme des êtres asexués. Or, si les anges (fils de Dieu) sont asexués, comment font-ils pour s'accoupler avec les filles des hommes ?

Va-t-on se relancer dans la question sans fin : les anges ont-ils ou non un sexe ? Jésus semble dire que non ! Mais parle-t-il de sexualité ou de vie maritale ?

Dans l'Ancien Testament, il y a une histoire mettant en scène des anges et des hommes, et cette histoire a fait couler beaucoup d'encre. C'est celle de Sodome.

Deux anges viennent visiter Loth, le neveu d'Abraham, dans la ville de Sodome. Or, les gens de la ville se rassemblent devant la maison de Loth dans l'intention de « les connaître ». Ici, « connaître » dans le sens biblique veut dire avoir des relations sexuelles avec eux ! L'intention est claire, sans équivoque : avoir des rapports homosexuels avec ces anges, ces « fils de Dieu ». C'est de cet épisode que sont forgés les mots sodomie, sodomites...

Si les hommes voulaient avoir des relations sexuelles avec ces deux visiteurs, c'est qu'elles étaient possibles ; les anges seraient donc sexués ! Divers textes semblent indiquer des choses contradictoires ! Difficile dès lors de savoir où se cache la vérité.

Les anges déchus peuvent donc séduire les filles des humains, pour donner naissance à des géants tombés des cieux. Les *Séraphins* deviennent des *Nephilim* !

Et nous semblons rejoindre ici quelques mythologies classiques : l'union sexuelle entre des êtres divinisés et des êtres humains. « *Ce sont là les héros d'autrefois, les hommes de renom,* » dit la Bible. Signale-t-elle ainsi la naissance d'une lignée mythologique, avec les dieux et les demi-dieux, proches des mythologies égyptienne, grecque et romaine ? Qui sait ?

Mais alors, pourquoi le Dieu Créateur trouve-t-il cette union insupportable ? Pourquoi l'alliance entre les « fils de Dieu et les filles des hommes », laquelle donne naissance à des héros, est-elle sanctionnée ?

Ces êtres d'en haut prennent bien des femmes qui ne leur sont pas destinées. C'est là un point essentiel dans le texte fondateur. Le droit que s'octroient les « fils de Dieu » est donc un droit usurpé et interdit.

Ce récit, qui aborde le cas d'unions contre nature, parce qu'il met en présence des êtres humains et des êtres divins, devient cosmique et ne se limite pas à des jeux interdits. De fait, il faut saisir que, dans ce texte, nous trouvons une deuxième tentative de déstabilisation de l'ordre divin. La première tentative, réussie en partie, est celle qui s'est produite dans le jardin d'Éden. Là, le serpent, personnage diabolique, piège le premier couple jusqu'à la désobéissance et le reniement de Dieu.

Le Dieu Créateur, contraint de sanctionner la faute, prévoit pourtant un moyen de retrouver une nouvelle et parfaite communion entre l'homme et lui, et ce moyen passera par la postérité de la femme. On se souvient que Dieu, avant de chasser Adam et Ève du jardin, avait dit que le rétablissement complet de la relation entre eux et lui serait possible parce que *la postérité de la femme finira par écraser la tête du serpent.* Or, l'adversaire de Dieu va vouloir dérouter la postérité de la femme de sa mission salvatrice en pervertissant la lignée. Les « fils de Dieu » ne seraient autres que des démons, des anges qui ont perdu leur rang, qui tentent d'empêcher la pleine réalisation de la postérité qui doit vaincre Satan !

Oui, l'enjeu est bien cosmique.

CHAPITRE 6

Le Déluge et l'arche de Noé

Cette belle histoire, sans doute la préférée des enfants parce que les animaux y ont une part importante, n'en demeure pas moins horrible puisqu'elle parle d'un châtiment de Dieu sur les hommes devenus pervers. Mais comment les animaux se sont-ils rassemblés ? Comment ont-ils vécu dans l'arche ? Le déluge était-il universel ou localisé ? Où l'arche a-t-elle échoué ? On prétend que des vestiges ont été retrouvés sur le mont Ararat, en Arménie !

(cf. Genèse 7 et 8)

Noé, au pied d'un immense bateau en cale sèche, surveillant une longue file d'animaux qui montent à bord deux par deux : voilà sans doute l'une des images les plus connues des grandes fresques de l'Ancien Testament.

Cette très vieille histoire fascine les enfants, ne serait-ce que parce que les animaux de toute la terre se donnent rendez-vous dans un navire étrange et répondent ainsi à un appel encore plus étrange.

Rappelons les faits tels que la Bible les relate.

Tout commence par une constatation de Dieu : les hommes sont devenus très méchants, violents, pervers... Terriblement humains donc ! Chaque jour, l'homme ne conçoit que des pensées mauvaises. Le narrateur biblique signale le regret de Dieu d'avoir créé l'homme. Comme s'il ne s'agissait que d'un dessin raté sur un tableau, Dieu décide d'effacer l'homme de la surface de la terre et il cherche une façon de s'en débarrasser. Lorsqu'on ne veut pas garder les chatons d'une portée, on court à la rivière ; ainsi Dieu décide d'inonder la terre et de noyer les hommes.

Tous les hommes ? Non ! Heureusement, il y a Noé.

Dans le secret de Dieu

Noé est le seul homme, avec sa famille, à trouver grâce aux yeux de Dieu. Il est gentil, intègre et sans doute adorateur fervent de son Créateur. Alors, Dieu veut épargner cet homme et même le met dans la confidence de son effrayant projet.

Citons ici le texte biblique :

Aux yeux de Dieu, les hommes s'étaient corrompus et avaient rempli la terre d'actes de violence. Dieu observait ce qui se passait sur la terre, il vit que le monde était corrompu, car toute l'humanité suivait la voie du mal.

Alors Dieu dit à Noé :

« J'ai décidé de mettre fin à l'existence de toutes les créatures car, à cause des hommes, la terre est remplie d'actes de violence. Je vais

les détruire ainsi que la terre. Mais toi, construis un grand bateau en bois résineux. Tu en diviseras l'intérieur en compartiments, et tu l'enduiras intérieurement et extérieurement de goudron. Voici comment tu le feras : tu lui donneras cent cinquante mètres de longueur, vingt-cinq mètres de largeur et quinze mètres de hauteur. Tu ménageras une ouverture dans le haut du bateau : un espace de cinquante centimètres entre les côtés et le toit que tu fixeras par-dessus. Tu mettras la porte du bateau sur le côté. À l'intérieur, tu disposeras trois étages. Et moi, je vais faire venir le déluge d'eau sur la terre pour détruire, sous le ciel, tout être animé de vie. Tout ce qui est sur la terre périra. Mais j'établirai mon alliance avec toi et tu entreras dans le bateau, toi, tes fils, ta femme et tes belles-filles avec toi.

Tu feras aussi entrer dans le bateau un couple de tous les êtres vivants, c'est-à-dire un mâle et une femelle de tous les animaux, pour qu'ils restent en vie avec toi. De toutes les sortes d'oiseaux, de quadrupèdes et d'animaux qui se meuvent à ras de terre, un couple viendra vers toi pour pouvoir rester en vie. Procure-toi aussi toutes sortes d'aliments et fais-en provision pour vous en nourrir, toi et eux. »

Noé obéit et fit tout comme Dieu le lui avait ordonné.

Un cercueil flottant

À noter la précision des dimensions de cette embarcation qui deviendra la célèbre arche de Noé ! Les détails sont si précis que des générations de bricoleurs se sont amusés à faire la maquette de ce bateau peu ordinaire, pour découvrir qu'il ressemble fort à un coffre (c'est d'ailleurs ce mot qui a donné le terme arche) et qu'il devait flotter comme un sabot. Un navire plus proche du cercueil que du paquebot, un zoo flottant défiant l'imagination, un bâtiment pestilentiel avec une seule petite lucarne en guise d'aération : voilà de quoi sortir des images d'Épinal. Dans un prochain chapitre, nous verrons que les dimensions de navire ont un sens numérique et symbolique précis.

Le premier mystère lié à cette histoire est l'attitude de Dieu qui semble surpris, et désagréablement surpris, du comportement des hommes. Après l'avoir créé, l'Éternel avait dit que « cela était très bon », mais voilà qu'il déchante. Il faut dire qu'il n'a pas vraiment beaucoup de chance avec ses créatures, lesquelles sont pourtant à sa ressemblance. Ève fait échouer une situation qui aurait dû être paradisiaque ; Caïn tue son frère ; les anges déchus s'attaquent aux filles des hommes et voilà que toute l'humanité entre dans un cycle infernal de violence et de perversion à faire regretter Dieu d'avoir inventé l'homme !

Dieu décide de sanctionner les humains afin d'endiguer le mal. Mais il offre une seconde chance à cette humanité perverse puisqu'il extrait du monde corrompu un échantillon, une famille composée de Monsieur Noé, Madame et leurs trois fils, lesquels sont mariés. Au total huit personnes.

L'arche de Noé sera l'occasion d'un nouveau commencement, mais, à y regarder de plus près, Dieu n'arrête pas de recommencer. Le chapitre 1 de la Genèse parle de la Création cosmique et terrestre, avec comme point d'orgue l'humain mâle et femelle ; puis le chapitre 2 relate une autre création : l'homme différencié dans un jardin domestiqué ; et voilà qu'au chapitre 6, on efface tout et on recommence. L'arche est à Noé ce que le Jardin est à Adam : une séparation du reste du monde, une espèce de mise à l'écart. Or, dans le langage religieux, la mise à l'écart est autant une sélection qu'une élection, voire une sanctification.

Noé est sélectionné comme champion spirituel au milieu d'une génération dépravée : il sera mis de côté, séparé. C'est ainsi que l'on reconstruit l'étymologie du mot *saint.*

En effet, dans l'Ancien Testament, le terme « saint » suggère la séparation d'une personne ou d'une chose par rapport aux réalités communes ou profanes, et ce pour un usage divin.

Par sa mise à l'écart, par sa mission et par son action, Noé devient une espèce de sauveur pour une partie (minime) de l'humanité.

L'arche est l'objet qui servira au salut. Le terme hébreu (*Tebah*) qui désigne ce bateau fantastique est le même que l'on retrouve dans la Bible lorsqu'elle parle du panier d'osier dans lequel le bébé Moïse sera déposé et qui, flottant sur le Nil, sera recueilli par la fille du pharaon. La corbeille, qui devient un moïse dans notre vocabulaire moderne, n'est autre qu'une « arche ». Noé et Moïse, embarqués dans la même galère !

Nous avons déjà eu l'occasion de mentionner un écrit fort ancien, d'origine mésopotamienne et qui porte le nom de *Épopée de Gilgamesh.*

Dans cette autre fresque parlant des fondations du monde, un récit assez proche de celui de la Bible vient nous surprendre. Dans ce texte, les dieux décident de se débarrasser des hommes parce que ces derniers sont trop bruyants. Ils décident d'un déluge pour submerger la terre et faire périr toute l'humanité. L'un des dieux, Ea, participant initialement à la création en qualité de dieu des eaux, vient avertir un homme de la décision fatale de ses collègues. Cet homme se nomme Outanapishtim (plus difficile à retenir que Noé). Le sympathique Ea ordonne à cet homme de construire un bateau pour sauver sa famille et les autres espèces vivantes. Il reçoit aussi des instructions très précises et les artisans qui l'aideront à construire viendront se réfugier également dans le navire dès que la pluie se mettra à tomber. Comme dans le texte de la Genèse, les animaux seront du voyage !

Un déluge aux échos universels

Dans d'autres cultures, des Amériques jusqu'aux Indes, des récits très anciens mentionnent une histoire de déluge avec, à chaque fois, des troncs communs : un châtiment divin sur les hommes, un bateau, une inondation, une famille sauvée et même l'envoi d'oiseaux et un sacrifice final.

Dans un texte venant des Aztèques, un récit mentionne que Dieu a fermé la porte du bateau dès que tout le monde a été embarqué. Or, ce détail est également dans le récit biblique.

Par ailleurs, une liste sumérienne des rois, que l'on trouve sur un support nommé par les archéologues « le prisme de Weld-Blundell » (environ deux mille ans avant J.-C.), mentionne huit rois puis l'énumération s'arrête avec une mention étonnante : *Le Déluge survint. Lorsque le Déluge eut tout emporté, quand le fléau venu du ciel abaissa la royauté, elle était alors à Kish.* Puis la liste des rois reprend.

En 1875, George Smith découvre et traduit le *Poème d'Atrakhasis*, lequel date d'environ mille six cents ans avant J.-C. On y raconte un déluge provoqué par le dieu Enlil qui avait déjà tenté de réduire la population humaine et qui décida d'en finir par une inondation. Or, un autre dieu, Enki, avertit Atrakhasis qui s'échappe en bateau, emportant avec lui sa famille, quelques amis et des animaux.

De 1927 à 1929, l'archéologue Woolley a travaillé sur les vestiges d'Our, en Irak. Il a constaté les traces d'une inondation qui a produit une couche d'argile de plus de deux mètres d'épaisseur et sous laquelle les vestiges d'une civilisation sont présents…

Finalement, plus de 200 récits de déluges sont répertoriés et qui viennent de régions diverses, jusqu'aux extrémités du monde.

Est-ce à dire que le Déluge a été, comme semble le dire la Bible ou l'Épopée de Gilgamesh, une catastrophe planétaire ? Un cataclysme mondial ? Un tsunami universel ?

Certains archéologues et géologues préfèrent dire que des raz de marée, des inondations gigantesques ou des pluies torrentielles ont toujours frappé chaque recoin du monde et que les différents récits de déluges ne parlent pas d'un seul et même événement ayant frappé la surface de la terre au même moment. Il y a bien des traces de déluges et d'érosions fulgurantes, cependant il ne faut pas nécessairement tout relier à Noé, à Outanapishtim ou à Atrakhasis.

Mais alors pourquoi, dans des récits ne parlant pas du

même événement, trouve-t-on des constantes comme le bateau, la famille, les animaux ? La mémoire collective joue-t-elle un rôle dans l'élaboration d'un récit qui devient alors mythologique ?

Si les crues du Tigre et de l'Euphrate constituent la base de ce récit, comment les Tibétains, les Aztèques ou les Australiens ont-ils incorporé cette histoire dans la leur ? Ou si la Bible copie d'autres épopées, où le narrateur a-t-il trouvé ses sources ?

Le mystère reste entier. L'archéologie apporte quelques réponses, mais souvent les conclusions des archéologues et autres géologues sont influencées par des préjugés que les découvertes doivent confirmer, dans un sens ou dans un autre. La science n'est pas plus objective que le scientifique qui s'en sert : elle peut décider pendant un temps que la terre est plate ou qu'une race est inférieure à une autre avant de déclarer le contraire. Entre les deux vérités provisoires, on sait ce que l'Histoire est capable d'engendrer sous couvert de la science !

Alors, qu'en est-il du déluge proprement dit ? Des géologues ont découvert que la mer Noire était autrefois un lac d'eau douce devenu soudainement salé, il y a près de neuf mille ans. D'autres envisagent une soudaine élévation (de près de 60 m) du niveau de cette mer. La fin d'une période glaciaire aurait provoqué la fonte de glaciers et la montée des eaux. Une inondation sans précédent se serait produite en Mésopotamie, goulot étroit où auraient convergé les eaux en furie venant de la mer Noire débordant. Cette région est dominée par les montagnes Ararat, mentionnées par la Bible comme lieu où se serait échouée l'arche de Noé. Géologues et archéologues restent cependant divisés sur les thèses avancées.

Autre mystère, le rendez-vous des animaux.

De façon assez singulière, Dieu qui efface les hommes veut épargner les animaux. Tous les animaux puisque le Déluge est, selon la Bible, universel ! Il faut que l'arche puisse contenir un couple de chaque espèce pour la sauvegarde de cette population animalière. Noé et ses fils sont bien trop occupés à construire le bateau pour chercher eux-mêmes les animaux. Dieu sonne le rassemblement et c'est ainsi que surviennent des quatre coins de l'horizon toute sorte de bétail et bestioles. Là, notre imaginaire galope et nous voyons l'incroyable cohorte meuglant, beuglant, hennissant, croassant... se diriger vers un Noé ébahi devant une faune pour l'essentiel inconnue de lui.

Qui est bête ?

Le monde animal demeure pour nous bien étonnant et, avec toutes nos sciences, nos capacités incroyables d'observation et nos caméras capables de débusquer le moindre insecte dans son intimité, nous restons ignorants face à lui. Lorsque nous avons dessiné sur des cartes le trajet du saumon, le circuit de l'oie sauvage ou la marche de l'empereur polaire, nous n'avons pas compris pour autant pourquoi, depuis la nuit des temps, ces animaux parcourent ces distances d'un bout à l'autre du globe, ni comment ils retrouvent un itinéraire suivi par leurs parents avant même leur naissance !

L'instinct de survie peut aussi conduire les animaux à sentir, bien avant les hommes, un danger, une catastrophe, une menace. Avant un cataclysme, les oiseaux cessent de chanter ; avant un incendie, un chat sort de la maison ; avant qu'il coule, les rats quittent le navire ! Parfois, de façon incompréhensible, un animal va avertir son maître, l'entraîner ailleurs, pour le sauver d'un accident totalement imprévisible ! C'est alors que nous pouvons regretter de ce qu'il ne manque que la parole à ces compagnons de vie dont l'instinct est bien plus développé que le nôtre.

Peut-être qu'un jour nous pourrons entendre le dauphin nous expliquer comment et pourquoi il peut guider un navire pour lui éviter les récifs, mais pour l'heure, la « sainte » convocation des animaux à l'arche de Noé demeure une égnime. Tout aussi enigmatique la raison du retard de la licorne… dont ne parle pas la Bible !

Un détail, au détour des récits bibliques relatant la construction de l'arche et l'arrivée des animaux : le souvenir et l'imaginaire font arriver les animaux de chaque espèce deux par deux, mais le narrateur précise que Dieu dit à Noé : *De toutes les bêtes pures, prends sept couples, le mâle et sa femelle ; des bêtes qui ne sont pas pures, un couple, le mâle et sa femelle ; aussi des oiseaux du ciel, sept couples, mâle et femelle, afin de garder en vie leur descendance sur toute la terre…* (Genèse 7. 2)

Nous devons donc refaire des comptes !

Les animaux purs sont embarqués en plus grand nombre que les animaux impurs. On peut d'ailleurs se demander pourquoi Dieu, purifiant la terre en supprimant les hommes pervers et donc impurs, prend soin de « sauver » les animaux impurs, comme le sont – d'après la Bible – les porcs ou les chameaux, les vautours ou les lièvres. De plus, selon la chronologie des récits des premiers livres de la Bible, la liste des animaux déclarés impurs se situe *bien après* l'histoire de Noé et nous sommes donc en droit de nous demander comment Noé a pu faire une sélection entre les purs et les impurs ! Sur ce point, le texte biblique demeure totalement silencieux !

Mais à la sortie de l'arche, après le Déluge et l'abaissement des eaux, Noé sur la terre ferme a offert un sacrifice à Dieu : *Noé bâtit un autel pour le Seigneur ; il prit de toutes les bêtes pures et de tous les oiseaux purs, et il offrit des holocaustes sur l'autel. Le Seigneur sentit une odeur agréable, et le Seigneur se dit : Je ne maudirai plus la terre à cause des humains, parce que le cœur des humains est disposé au mal depuis leur jeunesse ; et je ne frapperai plus tout ce qui est vivant, comme je l'ai fait.* Genèse 8. 20)

Un tel texte permet de comprendre pourquoi Noé devait embarquer plus d'animaux purs que d'animaux impurs : il fallait alimenter le sacrifice. De plus, et c'est l'annonce la plus positive, Dieu décide de ne plus frapper la terre et les hommes d'un déluge destructeur pour sanctionner l'humain naturellement mauvais !

Dans son souci d'établir une nouvelle alliance avec l'homme (et la famille qui reste), Dieu redit ce qu'il a dit à Adam bien plus tôt : *Soyez féconds, multipliez-vous et remplissez la terre. Tout ce qui fourmille et qui vit vous servira de nourriture ; comme les végétaux, je vous donne tout cela !* Et un arc-en-ciel relie la terre et le ciel, signe de réconciliation entre le créateur et sa créature.

Au passage, il semble que l'homme qui, jusqu'ici, était

végétarien, devient, avec cette épisode, omnivore : nouveau départ, nouveau régime ! Tuer des animaux pour s'en nourrir serait aussi une façon de canaliser une certaine violence instinctive.

Cent cinquante ans de recherches

Le texte biblique signale la fin du Déluge en ces termes : *Les sources de l'abîme et les fenêtres du ciel se fermèrent, et la pluie fut arrêtée depuis le ciel. Les eaux se retirèrent de la terre peu à peu ; les eaux diminuèrent au bout de cent cinquante jours. Le dix-septième jour du septième mois, l'arche se posa sur les montagnes d'Ararat…* (Genèse 8. 2)

La mention du lieu où se serait échouée l'arche a naturellement entraîné des recherches sans fin et des polémiques sans nombre.

La recherche de l'arche de Noé remonte à la plus haute antiquité. Le prêtre chaldéen Berose (475 avant Jésus-Christ) raconte que des habitants de la région du Caucase « grattaient le revêtement de bitume de l'arche de Noé qu'ils avaient retrouvée pour s'en faire des contrepoisons et des talismans ». Dans les premiers siècles de l'ère chrétienne, Nicolas de Damas, Jérôme et Théophile d'Antioche, évoquent successivement les restes de l'arche demeurée intacte sur le mont Ararat. En 330, le moine Jacob ramène de la montagne un fragment qui sera conservé dans le monastère d'Etschmiadzin jusqu'en 1829, date de la destruction de ce monastère par un tremblement de terre. Au XIIIe siècle,

Marco Polo cite des voyageurs qui auraient contemplé des vestiges de l'arche…

En juillet 1840, une éruption volcanique ouvre une brèche sur les flancs du mont Ararat. Les autorités turques envoient des équipes d'ouvriers dans la montagne pour établir des barrages de protection. L'une d'elles découvre alors, à fleur d'un glacier, « les restes d'un très grand navire dont la partie accessible était divisée en trois chambres ».

En 1856, trois savants britanniques font l'ascension du mont Ararat. Ils considèrent l'arche de Noé comme un mythe et veulent le prouver. Mais les trois alpinistes tombent sur les vestiges d'un très grand navire bloqué dans les glaces. Ils peuvent même entrer dans le bateau et en explorer l'intérieur. Ils essaient de détruire cette découverte, mais le bois refuse de brûler. Ils décident de taire la trouvaille. Cependant, en 1918, le dernier survivant de l'expédition, devenu croyant à la fin de sa vie, raconte son expérience de 1856 et suscite, un peu partout, un vif intérêt.

En 1876, James Bryce, de la Société de Géographie Royale de Londres, fait l'ascension du mont Ararat et aperçoit, parmi des blocs de lave, « une pièce de bois d'environ 1 m de long et 20 cm d'épaisseur, visiblement taillée à l'aide d'un outil ». De retour en Angleterre, il fait part de sa découverte, mais il est ridiculisé par sir Henry Rawlinson, orientaliste de grande réputation. Selon ce dernier, « l'Ararat de la Bible ne saurait correspondre au Grand-Ararat de la Turquie orientale ».

Sept ans plus tard, une avalanche dévaste les flancs de la fameuse montagne. Le gouvernement turc fait appel à

Gascoyne, glaciologue britannique réputé. L'explorateur découvre « les restes d'un antique vaisseau pris dans la glace ». Des journalistes s'emparent de l'information tandis que le *New York Times* publie la controverse d'un savant qui déclare : « L'arche de Noé est un mythe et doit le rester. »

En août 1916, un aviateur russe, Vladimir Roskovitsky (ou Zabaolotsky) est chargé d'une mission de reconnaissance à la frontière turque ; il observe alors un lac gelé sur le versant oriental du Grand-Ararat. Il y repère la carcasse d'un gigantesque navire. Son information suscite la curiosité de ses supérieurs ; le capitaine Koorbatoff survole à son tour la région et confirme les faits. Il fait rapport au tsar Nicolas II, qui ordonne immédiatement une expédition archéologique. Des soldats sont affectés à cette recherche et une mission scientifique se joint à l'expédition qui parvient à l'emplacement signalé, prend des photographies et ramène un précieux butin. Mais la révolution de 1917 éclate, et les documents sont détruits dans la tourmente.

En 1936, un archéologue néo-zélandais, Hardwicke Knight, recherche les vestiges d'un antique monastère dans la gorge d'Ahora ; mais il découvre les restes d'une épave : « quelques poutres de bois très dur prises dans les glaces ». Plus tard, en 1946, le journal de l'armée américaine *Stars and Stripes* publie un reportage sur deux pilotes de l'armée de l'air qui se sont envolés d'Erevan, en Arménie, pour se rendre en Tunisie : ils auraient aperçu, au-dessus du mont Ararat, « un grand bateau à moitié immergé dans un petit lac à très haute altitude ».

Fernand Navarra, en 1952, organise sa première expédition sur l'Ararat. Il repère de loin une masse sombre au fond d'une paroi à pic. L'année suivante, il tente à nouveau l'ascension et il parvient à s'approcher à une centaine de mètres de « l'objet sombre ». Il prend des photos, mais, à cause du mauvais temps, doit redescendre. L'hiver suivant, Fernand Navarra donne des conférences au Palais de Chaillot à Paris. C'est alors que le gouvernement turc lui interdit de retourner sur le site déclaré zone militaire. Mais en 1955, Navarra se lance dans une expédition clandestine. Accompagné de son fils âgé de douze ans, il réussit à pénétrer en zone interdite et il parvient à ce qu'il considère être l'arche de Noé. Il découpe une poutre qui semble être une pièce de bois taillée à l'aide d'un outil. Il dégage ce morceau d'environ 1,50 m et, après avoir tiré une série de photos, scie la poutre en trois parties.

De retour en Europe, Navarra fait analyser au carbone 14 les morceaux de bois rapportés. Il n'a pas indiqué la provenance des pièces de bois aux laboratoires sollicités (Bordeaux, Madrid et Paris) ; or les analyses concordent et font remonter l'origine de la poutre à une période se situant entre trois et cinq mille ans avant Jésus-Christ, ce qui correspond, pour certains, à la date probable du Déluge. Cependant, l'université de Pennsylvanie, qui va expertiser à son tour le bois, lui attribue une date se situant entre le IVe et le Ve siècle de l'ère chrétienne. Il n'en faut pas davantage pour que les découvertes de Navarra soient disqualifiées.

L'arche perdue

Des expéditions successives sont organisées par les Américains dans les années 1958, 1962, 1963 et 1966. Chacune d'elle se solde par un échec. Puis la fondation SEARCH s'assure du concours de Fernand Navarra pour son expédition de 1969. Après pas mal de péripéties, les alpinistes parviennent à l'emplacement repéré quinze ans plus tôt, retrouvent des restes de poutres à moitié calcinées et en rapportent plusieurs échantillons aux États-Unis. Cette fois, F. Navarra est réhabilité et plusieurs journaux reproduisent les photographies de ces bois vieux de cinquante siècles. Il semble vraiment que l'arche de Noé ait été retrouvée...

Mais des polémiques demeurent, d'autant que certaines recherches sont financées par des groupes fondamentalistes qui espèrent avec force des preuves de l'historicité des faits bibliques, jusqu'à interpréter ce qui n'est pas crédible ; d'autres groupes sont financés par des sectes comme les Témoins de Jéhovah, et leurs rapports ne sont pas davantage pris au sérieux.

Encore aujourd'hui, des expéditions plus ou moins importantes et officielles sont mises en place pour aller à la recherche de l'arche perdue. Des centaines de témoignages disent et contredisent des découvertes plus ou moins confirmées. Le mystère demeure.

L'arche pourrait-elle être demeurée en état, coincée dans un glacier ? Est-elle aujourd'hui partiellement désagrégée ? A-t-elle été broyée lors de tremblements de terre, ou brûlée lors d'éruptions volcaniques ?

Quoi qu'il en soit, certains archéologues ou collectionneurs affirment posséder de vrais morceaux de cette arche, depuis que F. Navarra en a distribué des fragments présentés comme authentiques.

Chapitre 7

Le mystérieux combat

Jacob, après des années loin de chez lui, rentre au pays où son frère jumeau Ésaü risque de lui en vouloir encore puisqu'il était parti en lui volant « la bénédiction paternelle ».
Or, en traversant une rivière, Jacob se bat toute la nuit contre un étrange personnage qu'il ne parvient pas à vaincre.
Qui est cet étonnant adversaire ? Le texte semble dire qu'il s'agit d'un « ange de l'Éternel ».
Mais, suite à ce combat initiatique, Jacob reçoit un nouveau nom : Israël !
Et demeure boiteux !
(cf. Genèse 32)

Jacob, petit-fils d'Abraham et fils d'Isaac, est l'un des patriarches les plus énigmatiques de l'Ancien Testament. Poursuivi par une réputation de « trompeur », il est souvent représenté et résumé par deux étapes importantes de sa vie : le songe de Jacob (avec la vision d'une échelle sur laquelle montent et descendent des anges) et le combat contre (ou avec) un mystérieux adversaire que certains associent à un ange. À toutes les époques, les peintres ont aimé ces deux épisodes et les ont fixées sur des toiles souvent remarquables.

À un moment décisif de sa vie, un retour à la maison après une absence de vingt ans, Jacob doit passer une rivière, frontière naturelle et symbolique entre son passé et son avenir. Or, au gué de cette rivière, il va se heurter à un homme qui, toute la nuit, se battra avec lui, sans le vaincre vraiment. De fait, l'étape est importante et le combat initiatique. Il est plus qu'un incident de parcours, il est le lieu de « re-formulation » identitaire. L'adversaire, qui mérite peut-être la majuscule, ne peut être qu'un personnage hors du commun.

Les jumeaux de la Bible

Pour plusieurs lecteurs de la Bible, et conformément aux indices du texte, l'opposant, l'antagoniste n'est autre que l'ange de l'Éternel. Cette piste est d'autant plus intéressante que Jacob semble avoir rencontré, à plusieurs reprises et chaque fois à des moments très symboliques, ces êtres angéliques et fantastiques.

Pour d'autres lecteurs et interprètes, l'homme n'est autre que la réplique de Jacob ; ou lui-même ou son frère, lequel est aussi son jumeau. Le combat serait donc plus virtuel que réel, plus psychologique que physique.

Pour bien comprendre l'enjeu de ce passage à gué qui est sans doute plus que celui d'une rive à l'autre, il faut comprendre que l'événement est le point d'orgue de la difficile relation entre les deux frères jumeaux Ésaü et Jacob ; une rivalité observable avant même la naissance des deux garçons.

Retour sur la famille : Isaac est le fils d'Abraham et de Sarah ; un fils que le vieux couple a eu bien du mal à avoir, malgré la promesse de Dieu qui avait dit au patriarche : *Je te donnerai une postérité aussi nombreuse que les étoiles du ciel et que les grains de sable du désert* ! Lorsque Isaac se marie à son tour, avec la belle Rébecca, il rencontre une sérieuse difficulté puisque sa femme est stérile. La Bible, qui ne s'arrête pas souvent sur les histoires d'amour entre conjoints, précise cependant qu'Isaac a intercédé auprès de Dieu pour que le problème trouve une solution. De fait, Rébecca devient enceinte et porte... deux enfants.

Si les mythologies et les textes fondateurs du monde entier aiment les jumeaux et leurs mystères (Castor et Pollux ou Remus et Romulus), la Bible n'en connaît pas énormément. On a parfois dit qu'Abel était le jumeau de Caïn, mais cette interprétation n'est guère satisfaisante ni farouchement défendue. En revanche, le livre de la Genèse signale les jumeaux de Tamar. Tamar s'étant fait passer pour une prostituée avait séduit son beau-père Juda et de cette étonnante relation sont nés Péret et Zérah. À noter que Juda n'est autre qu'un des fils de Jacob ! Dans le Nouveau Testament, les évangélistes signalent qu'un des disciples de Jésus, Thomas, est surnommé Didyme, ce qui veut dire «jumeau». Il est fort probable que Thomas avait donc un frère jumeau, mais ce dernier n'intervient pas dans les textes évangéliques.

Outre ces deux exemples, nous ne trouvons guère d'autres jumeaux dans la Bible, à part ceux qu'attend Rébecca.

Rébecca fut enceinte. Les enfants se heurtaient en elle, et elle se dit : Pourquoi cela m'arrive-t-il ? Elle alla consulter le Seigneur. Le Seigneur lui dit : Deux nations sont dans ton ventre, deux peuples se sépareront au sortir de ton sein ; un de ces peuples sera plus fort que l'autre, et le grand servira le petit. (Genèse 25. 23)

À l'inquiétude de Rébecca qui sent en elle une lutte, Dieu répond de façon assez sibylline. En effet, la construction de la phrase et sa syntaxe ne permettent pas de savoir qui dominera l'autre, comme si la destinée de chacun des enfants devait être inventée sans que Dieu dévoile l'avenir que, en tant que Dieu, il ne peut méconnaître !

Mais il est clair que le caractère ambigu de la réponse divine laisse entendre que la lutte entre les deux frères ne fait que commencer. Ces indices, qui ne font qu'épaissir l'horizon des deux garçons, sont cependant nécessaires pour comprendre tout le cheminement à venir des frères ennemis. Ils sont là aussi pour soulever une question angoissante : les frères, dans la Bible, sont-ils destinés à se « heurter » comme Ésaü et Jacob, voire à se tuer comme Caïn tue Abel ?

Quand on sait à quel point la Bible encourage les hommes à devenir frères les uns des autres, on s'interroge sur les exemples de fraternité qu'elle offre !

Lorsque Rébecca est à terme, elle accouche de deux fils. Le texte biblique qui relate le double heureux événement ne manque pas de saveur et de détails. Le narrateur signale que le premier des garçons se présenta déjà couvert de poils, et de poils roux. C'est pourquoi on lui donna le nom d'Ésaü, ce qui veut dire « poilu ». Roux (ou rouge) se dit « admoni » et ce terme deviendra un surnom d'Ésaü puisqu'on l'appellera aussi Édom. Sa lignée prendra, plus tard, le nom d'Édomite. Pour l'heure, le rouquin vient au monde et aussitôt derrière lui arrive le jumeau qui tient l'aîné par le talon. Cet étrange geste donnera le nom au deuxième enfant : Jacob ou « il talonne ».

Lorsqu'on connaît l'ensemble de l'histoire et surtout des histoires entre Ésaü et Jacob, on a l'impression que Jacob veut toujours passer devant son frère, qu'il le retient, qu'il lui vole la place ! La main du bébé qui saisit le talon du frérot n'est pas seulement une anecdote de sage-femme ; c'est un signe précurseur, voire une prophétie, l'ombre des choses à venir.

Car toute la suite des aventures de Jacob est guidée par le désir farouche de supplanter l'aîné. Les propos de Dieu ne peuvent que tarauder Rébecca lorsqu'elle constate l'étrange lien qui « unit » les deux garçons.

Pour un plat de lentilles

La rivalité entre les deux frères se dessine très vite. Le narrateur biblique prend soin de préciser que les jumeaux ne se ressemblent vraiment pas. Si Ésaü est poilu, Jacob est imberbe ; si l'aîné aime la chasse et semble assez rustre, voire sauvage, le cadet aime rester tranquille sous la tente, avec maman Rébecca. La Bible semble même proposer par avance des paradoxes en signalant, notamment, que Jacob est un être calme, raisonnable, presque innocent. La suite prouvera le contraire : Jacob est un calculateur et un opportuniste.

La différence entre les deux garçons est également accentuée par les préférences des parents : Isaac aime Ésaü (parce qu'ils partagent ensemble le goût pour la chasse et le gibier !), et Rébecca préfère Jacob (le texte ne donne pas de raison à cette préférence maternelle).

Survient un épisode déterminant, cocasse et, d'une certaine manière, aux conséquences disproportionnées. Le droit d'aînesse contre un plat... de lentilles !

Un jour que Jacob faisait cuire une soupe, Ésaü revint de la campagne, épuisé. Ésaü dit à Jacob : Laisse-moi, je te prie, manger de ce potage roux – oui, ce potage roux ! – car je suis épuisé... Jacob dit : Vends-moi d'abord ton droit d'aînesse ! Ésaü répondit : Je suis sur le point de mourir ; à quoi me sert ce droit d'aînesse ? Alors Jacob dit : Jure-le-moi d'abord. Il le lui jura. Ainsi, il vendit son droit d'aînesse à Jacob. Alors Jacob donna à Ésaü du pain et de la soupe de lentilles. Il mangea et but, puis il se leva et s'en alla. Ainsi Ésaü méprisa le droit d'aînesse. (Genèse 25. 34)

Si Jacob cherchait depuis longtemps à supplanter son frère, il est évident qu'Ésaü ne considérait pas vraiment sa position comme un privilège à conserver puisqu'une fringale à assouvir passe avant le droit d'aînesse. Jacob profite de la situation, mais la victoire est facile. Le narrateur semble faire un clin d'œil : le chasseur, amateur de gibier, abandonne ses prérogatives d'aîné (et les pouvoirs qui y sont liés) pour un plat de vulgaires légumes ! Ésaü semble bien correspondre à l'image rustre qu'on en fait.

Jacob vient de faire une deuxième talonnade à son frère. Une troisième arrive !

De cadet qu'il était, Jacob est devenu, par un étrange marché, l'aîné. Mais quelle est la valeur légale ou spirituelle d'un tel troc ? Difficile de le dire. C'est pourquoi l'étape suivante va finaliser les prétentions de Jacob. Et ce avec la complicité de Rébecca !

Isaac est maintenant vieux, aveugle et presque sénile. Avant de mourir, il souhaite transmettre la bénédiction paternelle à son fils, et naturellement à son fils préféré, Ésaü. Il convoque donc celui qui, à ses yeux malades, demeure l'aîné, et lui promet sa bénédiction dès qu'Ésaü reviendra de la chasse avec un bon gibier à partager. Or, Rébecca entend le projet d'Isaac et décide aussitôt que la bénédiction paternelle doit être donnée non à Ésaü, mais à Jacob. Elle va donc pousser son fils préféré à se faire passer pour Ésaü. Elle va le revêtir des vêtements du chasseur, lui coller une toison de chevreau sur les bras (puisque Jacob est imberbe et Ésaü poilu), et préparer un ragoût comme son mari les aime.

Isaac, aveugle, se laisse piéger, même s'il semble sceptique. En effet, il caresse les bras du fils présent et signale : *C'est bien la peau d'Ésaü, mais c'est la voix de Jacob.* Isaac va jusqu'à embrasser son fils, et du même coup respirer son odeur pour enfin dire : *C'est bien l'odeur des champs que parcourt sans cesse Ésaü* (Genèse 27. 27). Rébecca avait sans doute prévu la méfiance de son mari et c'est pourquoi elle avait fait endosser à Jacob les vêtements d'Ésaü. Si Jacob est capable de tromper, il a de qui tenir.

Et Isaac, berné, accorde sa bénédiction à Jacob, pensant la donner à Ésaü.

Au retour de la chasse, Ésaü découvre la tromperie et la

façon dont il a été supplanté. C'est de là que vient l'expression : *Qui va à la chasse perd sa place !* Ésaü se met alors dans une colère noire et menace de tuer Jacob. Ce dernier est obligé de fuir loin, chez un oncle (le frère de Rébecca). Il faudra attendre vingt ans avant que les deux frères ne se retrouvent.

Le cœur d'une mère

Le rôle de Rébecca, dans cette usurpation, est évident. Mais est-il simplement l'aboutissement d'une préférence à l'égard de Jacob ? Le penser reste une explication courte. Rébecca avait entendu les propos étonnants de Dieu : *deux nations, deux peuples dans ton ventre ; et l'un dominera l'autre...* Pareille annonce ne peut que provoquer une réflexion et une analyse de tous les jours. Rébecca a dû observer le comportement de chacun de ses enfants pour tenter de comprendre le destin qui devait se manifester au travers de l'un comme de l'autre.

La légèreté d'Ésaü dans son rôle d'aîné, ses critères, ses priorités et ses choix ont certainement pesé dans l'analyse de Rébecca. Mais il y a deux détails bibliques intéressants qui encadrent l'épisode durant lequel Jacob usurpe la bénédiction, et ces détails permettent de mieux saisir l'attitude de Rébecca. Il s'agit des mariages d'Ésaü.

Ésaü, à l'âge de quarante ans, prit pour femmes Judith, fille de Bééri, le Hittite, et Basmath, fille d'Elôn, le Hittite. Elles furent un sujet d'amertume pour Isaac et Rébecca. (Genèse 26. 34-35)

Il est évident que le texte biblique ne propose pas cette information comme un faire-part de mariages. Il signale qu'Ésaü s'est marié avec des filles d'un autre pays (les Hittites) et c'est là le sujet d'amertume des parents qui auraient très certainement préféré avoir des belles-filles du pays, voire de la même tribu.

D'ailleurs, lorsque Rébecca propose à Jacob de fuir la colère de son frère en allant chez l'oncle Laban, elle avoue à son mari Isaac : *J'ai pris ma vie en horreur à cause des filles qu'Ésaü a épousées. Si Jacob épouse une des filles du pays hittite, à quoi me sert la vie ?*(Genèse 27. 46)

Ainsi, Rébecca a sanctionné les choix conjugaux d'Ésaü en le privant de sa bénédiction, au profit de Jacob qu'elle envoie dans sa famille en espérant qu'il y trouvera une épouse plus digne que celles du chasseur. Ainsi, le stratagème de Rébecca n'était peut-être pas aussi improvisé que ce que le texte semble dire.

De plus, Isaac parle avec Jacob avant que ce dernier ne parte chez son oncle, et le vieil aveugle lui recommande de ne pas se marier avec n'importe qui, surtout pas avec une étrangère !

D'ailleurs, Ésaü semble avoir compris l'amertume de ses parents puisque, après l'affaire de la bénédiction usurpée, il est signalé un nouveau mariage. Ésaü se marie une troisième fois et, cette fois, il va chercher une fille d'Ismaël. Or, Ismaël est le demi-frère d'Isaac puisqu'il est fils d'Abraham (et d'Agar l'Égyptienne). Ésaü tente de se rabibocher avec la famille, la tribu, en évitant de prendre de nouvelles femmes étrangères et en se rapprochant du clan.

Pendant vingt ans, Jacob va rester chez son oncle Laban. Là, il va épouser les deux filles de Laban, Léa et Rachel. Il aura des enfants de ces deux femmes, mais aussi des deux servantes de ces femmes. Au total, douze garçons et une fille. Cette longue période de vingt ans est pleine d'histoires aux multiples rebondissements, mais ce n'est pas le lieu de s'y arrêter ici.

Devenu très riche et père d'une famille nombreuse, Jacob reçoit une consigne de Dieu : *Retourne chez toi, dans ton pays d'origine. Je serai avec toi.*

Lorsqu'il en parle à ses femmes, elles manifestent leur accord pour un déménagement, un déracinement total. Et toute la troupe se met en marche. Jacob emmène ses troupeaux (très nombreux), ses serviteurs, ses servantes, et les siens. C'est une véritable expédition. Or, Jacob est très inquiet. Il ne sait comment son frère Ésaü va l'accueillir. Il se souvient sans peine des menaces de mort entendues vingt ans plus tôt. Et il sait que son frère est un sanguin, de nature assez sauvage ; rien n'indique qu'il sera reçu les bras ouverts.

Il envoie des serviteurs comme ambassadeurs auprès de son frère pour lui annoncer son arrivée ; et lorsque les serviteurs reviennent, c'est pour lui dire qu'Ésaü vient à sa rencontre, avec plus de quatre cents hommes armés ! *Jacob eut très peur. L'angoisse le saisit.* Il lui était pourtant difficile de faire marche arrière et, se saisissant des promesses de Dieu (*Je serai avec toi !*), il décide d'aller de l'avant… ou presque !

Jacob au YABBOQ

En fait, Jacob organise son camp en plusieurs sections et

fait passer devant lui tous ses troupeaux, ses serviteurs, ses servantes, et même ses femmes et ses enfants. Il envoie tout le monde devant lui tandis qu'il reste à l'arrière, méditant, réfléchissant, s'interrogeant.

Entre son frère et lui, plusieurs troupeaux, et des centaines de personnes. Sont-ce là des boucliers humains ? À moins que ce ne soient des cadeaux pour amadouer la colère d'Ésaü ! Ou des tributs offerts comme un vassal en accorde à son maître ! Ou encore l'exposition de richesses pour en mettre plein la vue et prouver sa réussite, sa puissance !

Ce qui est sûr, c'est que Jacob se retrouve seul. Il redoute le face-à-face avec son frère, mais c'est un autre face-à-face qui se prépare.

La nuit tombe et Jacob est au bord du Yabboq. La consonance du nom du lieu avec Jacob lui-même n'est pas un simple hasard géographique. D'autant qu'il y a d'autres consonances qui s'entremêlent. Ainsi, le texte dit que Jacob va lutter au Yabboq jusqu'à ce que sa hanche soit disloquée.

En hébreu, les mots ne sont composés que de consonnes et, ici, les jeux de mots-consonnes sont assez nombreux pour les noter.

Jacob : y'qb

Le Yabboq : ybq

La lutte : 'bq

La dislocation : yq'

On se souvient que, dans la vie de Jacob, le talon est important, or, le talon s'écrit *aqeb*. De même la tromperie : *'qb*

Au passage du gué du Yabboq, Jacob va rencontrer un personnage qui, sans présentation et sans préambule, va entrer en lutte contre lui. Cette lutte est une concentration de toutes les luttes vécues jusqu'ici par Jacob : dans le ventre de sa mère ; la talonnade à la naissance ; lorsqu'il arrache le droit d'aînesse ; lorsqu'il vole la bénédiction paternelle ; lorsqu'il doit se battre pour épouser la femme qu'il aime ; ou lorsqu'il est en conflit avec son oncle Laban… Toujours des face-à-face difficiles, conflictuels et qui font douter Jacob de son rôle, de son identité, de ses positions.

Le passage au gué, c'est la rencontre définitive avec son destin et son identité.

Regardons le texte biblique tel qu'il est : *Jacob resta seul. Alors un homme se battit avec lui jusqu'au lever de l'aurore. Voyant qu'il ne pouvait l'emporter sur lui, l'homme le frappa à l'intérieur de la cuisse ; et l'intérieur de la cuisse de Jacob se disloqua pendant qu'il se battait avec lui. L'homme lui dit : Laisse-moi partir, car l'aurore se lève. Jacob répondit : Je ne te laisserai pas partir sans que tu m'aies béni. Il lui demanda : Quel est ton nom ? Il répondit : Jacob. Il reprit : On ne te nommera plus Jacob, mais Israël ; car tu as lutté avec Dieu et avec des hommes, et tu l'as emporté. Jacob lui demanda : Je t'en prie, dis-moi ton nom. Il répondit : Pourquoi me demandes-tu mon nom ? Et il le bénit là. Jacob appela ce lieu du nom de Peniel (Face de Dieu) ; car, dit-il, j'ai vu Dieu face à face et j'ai eu la vie sauve… Jacob boitait à cause de sa cuisse…* (Genèse 32. 25-33)

Qui est donc ce personnage étrange avec qui Jacob se bat jusqu'au matin ? Et pourquoi cet adversaire veut-il disparaître dès l'aurore, comme s'il avait peur d'être reconnu à la levée du jour ? Pourquoi ne veut-il pas dire son nom alors que Jacob insiste pour le connaître ? Or, lorsque finalement Jacob interprète l'événement et pense avoir vu Dieu face à face, ne se trompe-t-il pas ?

Si l'adversaire est Dieu, il est difficile de croire que ce dernier soit obligé de demander à Jacob comment il se nomme. La toute-connaissance de Dieu serait ici prise en défaut ! De plus, ce combat semble mettre en scène deux personnages qui ne se connaissent pas ! « Comment tu t'appelles ? Et toi ? » Voilà d'étonnants propos entre deux protagonistes qui s'affrontent toute une nuit et sans raison apparente.

Mais si celui qui ne sait comment se nomme Jacob se permet de donner un nouveau nom audit Jacob, il s'octroie des prérogatives divines. En effet, chaque fois que la Bible signale un changement d'identité, c'est Dieu qui re-baptise. Lui seul a ce rôle.

Ainsi, l'adversaire de Jacob n'est pas assez Dieu pour connaître l'identité du patriarche – de plus, sa puissance semble s'éteindre avec la nuit – en revanche, il est assez Dieu pour renommer Jacob et en faire Israël ! Bizarre !

Faute d'avoir entendu le nom de son adversaire, Jacob nomme le lieu de la bataille : *Peniel*, c'est-à-dire « face de Dieu ». Et Jacob de préciser qu'il a vu Dieu.

Donc, c'était Dieu ?

Ailleurs dans la Bible, notamment sous la plume du prophète Osée, il est dit que Jacob « lutta toute une nuit avec l'ange ».

Donc plutôt un ange ?

Certaines lectures psychanalytiques de cet épisode osent

de toutes autres hypothèses. Toute la vie de Jacob converge vers une réconciliation nécessaire avec son frère, qui plus est son jumeau, son autre lui-même, voire son clone à la fois identique et différent. Le face-à-face (et ce terme est sans cesse utilisé dans ce passage biblique) est le lieu de la guérison personnelle, laquelle passe par une identité enfin trouvée. Entre Ésaü et Jacob existe un combat permanent : prendre la place d'Ésaü ou tuer Jacob, c'est la même chose. Il y a toujours un des deux qui gêne parce que l'autre existe et a besoin d'exister seul, sans l'autre. Celui qui talonne finit par claudiquer tandis qu'il revient à son point de départ : face à face avec son frère, son jumeau, son miroir.

Le combat au passage, au gué du Yabboq, ressemble fort au passage de la mer Rouge qui s'ouvre pour que le peuple de Moïse sorte enfin de sa servitude d'Égypte et s'engage vers le Terre promise, son point de départ !

C'est contre lui-même que Jacob se bat, contre ses fantômes, contre son image que lui impose le jumeau. La lutte qui le disloque dans sa marche est une projection extérieure de tout ce contre quoi il a lutté jusqu'ici, sans trouver autre chose que la peur et l'angoisse.

Avec l'aurore se lève un jour nouveau ; et le face-à-face avec son frère sera un soulagement. Car les deux frères se réconcilient. Manifestement, chacun a cheminé pour s'accepter, et donc accepter la gémellité. Le face-à-face est possible.

Mais pareil cheminement coûte cher. Et la blessure est sérieuse. Parce que l'adversaire ne parvient pas à vaincre Jacob (les forces sont d'autant plus égales si l'homme se bat contre lui-même), il lui disloque la hanche. Un coup bas à l'intérieur de la cuisse, disent certaines traductions, ou à la « paume de la cuisse », précisent d'autres. Il est évident que Jacob ne pourra plus jamais marcher comme avant. Le sens est fort : désormais, il boite et donc il souffre dans sa marche qu'il ne peut plus mener à sa guise. Il est possible aussi que la blessure soit plus intime encore qu'une simple luxure de la hanche. C'est peut-être dans sa virilité que Jacob est frappé dès lors que le combat revêt un caractère initiatique quant à la véritable identité du personnage. Ici, la lecture devient freudienne !

Avec ou contre Dieu ?

Les traductions sont parfois mal à l'aise pour parler du combat de Jacob contre Dieu. En effet, cette lutte nocturne est-elle *avec* ou *contre* Dieu ? *Avec* ou *contre* les hommes. Selon les versions, tel ou tel adverbe est employé. Le résultat est le même, mais pas vraiment l'intention. Jacob se bat avec/contre Dieu ! Ce n'est pas une mince affaire. D'autant que si Jacob se bat contre lui-même, contre ses fantômes, contre ses instincts rebelles, et si pareils combats sont synonymes de combat avec/contre Dieu, sans réel vainqueur, le sens devient vertigineux.

L'essentiel est ailleurs : Jacob a vu Dieu face à face et est demeuré vivant : le prochain face-à-face avec son frère ne pourra que bien se passer. Jacob voit s'éloigner la menace dès lors qu'il a résolu ses problèmes intimes, personnels et existentiels.

Cependant, il est évident que Jacob, dès sa naissance, a eu l'intuition que sa place était devant son frère, non derrière. En cherchant à supplanter Ésaü, Jacob, avant tout le monde, déclare ce que la science a déclaré depuis : l'aîné de jumeaux est celui qui sort le dernier du ventre de sa mère !

Chapitre 8

Les dix plaies d'Égypte

Première partie.
Moïse se rend devant le pharaon pour exiger le départ des Hébreux, lesquels sont réduits à l'esclavage.
Le pharaon refuse de laisser partir cette main-d'œuvre bon marché.
Alors, pour faire fléchir le pharaon,
Moïse envoie des « plaies » sur le pays et ses habitants.
Or, ces plaies épargnent les Hébreux et les lieux où ils vivent.
Les plaies sont au nombre de dix et fragilisent le pays, mais aussi ses croyances.
(cf. Exode 7 à 12)

Grâce à un film culte, à un dessin animé célèbre et plus récemment à une comédie musicale à succès, l'histoire de Moïse a été largement popularisée et, il faut bien le dire, déformée. Or, l'histoire de ce personnage est l'une des plus importantes de l'Ancien Testament, et l'épisode de l'Exode demeure un récit essentiel, fondateur, incontournable du peuple hébreu. Nous allons nous arrêter longuement sur ce qui précède le départ d'Égypte du peuple hébreu, à savoir la difficile négociation entre Moïse et le pharaon, et surtout la série des dix plaies qui a frappé l'oppresseur, sur ordre de Dieu. Mais pour bien saisir les enjeux d'une pareille histoire, il faut se souvenir d'un minimum de choses.

Déjà l'antisémitisme

Les Hébreux sont venus en Égypte à l'époque de Joseph, fils de Jacob-Israël. En ce temps-là, la famille de Jacob a immigré à cause d'une terrible famine qui frappait toute la région. Le seul pays où il y avait encore des réserves de nourriture était l'Égypte. D'où le déplacement. En Égypte, Israël et ses fils vont prospérer et plusieurs générations font faire de belles affaires. Puis, progressivement, cette tribu devenant de plus en plus importante, va commencer à inquiéter le pouvoir en place. En effet, les Israélites peuvent devenir une menace à l'intérieur même de l'Égypte. C'est ainsi que le pouvoir a commencé à écraser ces étrangers, les réduisant à l'esclavage.

Le livre de l'Exode, deuxième livre de l'Ancien Testament, relate cette longue histoire et plante ainsi le décor : *Un nouveau roi commença à régner sur l'Égypte, mais il ne savait rien de Joseph. Il dit à son peuple : « Voyez, les Israélites forment un peuple plus nombreux et plus fort que nous. Il faut trouver un moyen pour limiter leur nombre. En cas de guerre, ils se joindraient à nos ennemis pour nous combattre et quitter le pays. » Les Égyptiens désignèrent alors des chefs de corvées pour accabler le peuple d'Israël en lui imposant de rudes travaux. C'est ainsi que les Israélites durent construire les villes de Pitom et Ramsès pour y entreposer les réserves du pharaon. Mais plus on les opprimait, plus ils devenaient nombreux et plus ils prenaient de place, si bien qu'on les redoutait. Les Égyptiens les traitèrent durement, comme des esclaves ; ils leur rendirent la vie insupportable par un travail pénible : préparer l'argile, faire des briques, exécuter tous les travaux des champs. Bref, ils leur imposèrent sans pitié toutes sortes de corvées… Le roi d'Égypte donna cet ordre aux sages-femmes : « Quand vous aiderez les femmes des Hébreux à accoucher, regardez bien l'enfant qui naît : si c'est un garçon, tuez-le, si c'est une fille, laissez-la vivre. »* (Genèse 1. 8-22)

C'est dans ce contexte qu'une famille israélite va cacher le garçon qu'elle vient d'avoir. L'enfant sera finalement déposé dans une corbeille et confié au Nil. C'est, bien sûr, l'émergence du héros biblique Moïse. Moïse, sauvé des eaux, est recueilli par une princesse, fille du pharaon. Elle va l'élever comme son fils, avec tous les avantages du savoir égyptien et des privilèges de la cour. Le « Prince d'Égypte » n'en est pas moins hébreu et, un jour, il découvre les conditions lamentables dans lesquelles vivent ses compatriotes. Témoin de sévices sur un esclave hébreu par un soldat égyptien, il va frapper à mort le soldat et, à cause de ce grave forfait, va devoir fuir le pays. Tout prince qu'il est, il risque la mort. Moïse va rester quarante ans caché dans le désert, chez un certain Réouel qui lui offre l'hospitalité, mais aussi sa fille Séphora.

C'est dans la région de Madian que Moïse refait donc sa vie, devenant père d'un fils qu'il nomme Guershom, ce qui veut dire « immigré » car tel est le sort de notre héros jusqu'à un événement exceptionnel.

Ainsi naissent les héros

Alors qu'il garde les troupeaux de son beau-père, Moïse remarque un buisson en feu, mais qui ne semble pas se consumer. Il s'en approche, curieux du phénomène, et soudain Dieu lui parle au travers du buisson. Et Dieu lui donne l'ordre de retourner en Égypte pour une mission redoutable : *J'ai vu l'oppression que les Égyptiens font subir à mon peuple. Maintenant, va, je t'envoie auprès du pharaon ; fais sortir d'Égypte mon peuple, les Israélites !* (Exode 3. 10)

On ne peut pas dire que Moïse saute de joie à l'énoncé de cette mission. Il va même tenter de trouver des excuses pour ne pas y répondre, jusqu'à confier qu'il parle mal, qu'il a un défaut de prononciation et qu'il n'est donc pas très crédible. Dieu va s'imposer à lui en lui révélant sa puissance et en lui confiant un lieutenant qui n'est autre que le propre frère de Moïse, Aaron. À bout d'arguments, Moïse est contraint d'obtempérer et s'en retourne en Égypte pour rencontrer le nouveau pharaon, puisque, depuis son départ du pays, le pouvoir a changé de mains.

Moïse et Aaron se rendent devant le pharaon qui les écoute distraitement, dénigre le Dieu dont ils parlent et refuse d'accorder trois jours de congé au peuple hébreu. Car c'est ce que Moïse a demandé. De fait, Moïse a inventé un stratagème pour faire sortir les Hébreux d'Égypte sans éveiller la méfiance des Égyptiens. Il a demandé au pharaon quelques jours de congé afin que le peuple puisse se rendre au désert pour y organiser des sacrifices rituels en vue de ne pas irriter leur propre Dieu. Au lieu d'accorder ce que Moïse demande, le pharaon fait augmenter le rythme des corvées des esclaves, ce qui décourage totalement Moïse. Au nom de Dieu, il va cependant voir les Israélites pour expliquer que, bientôt, ils seront libres, mais ces derniers ne peuvent accepter la parole d'un homme qui, essayant de les faire sortir d'Égypte, n'est parvenu qu'à augmenter les souffrances infligées.

Dieu demande alors à Moïse de retourner devant le pharaon et de lui montrer, démontrer sa puissance. Il pense ainsi impressionner le pharaon et le contraindre à laisser aller le peuple. Moïse se présente devant le roi et lui fait un « premier tour de magie ». Il laisse tomber son bâton qui, aussitôt, se transforme en serpent. Mais le pharaon ne se laisse pas troubler, appelle ses propres magiciens qui transforment aussi leurs bâtons en serpents. Match nul ?

La simple énumération des faits, même si elle est intéressante, voire fantastique, n'a pas réellement d'intérêt pour le lecteur moderne. Il faut donc lire entre les lignes, entre les mots, entre les jeux de mots, pour découvrir des sens cachés comme les aime la Bible.

Or, le match entre Moïse et les magiciens au service du pharaon n'est pas aussi nul que cela. En effet, le serpent de Moïse va dévorer les serpents des magiciens. Une façon comme une autre de montrer la suprématie des pouvoirs de Moïse sur ceux des mages présentés comme des personnes pratiquant l'occultisme, voire le « serpentinage » dont nous avons déjà parlé dans le chapitre 3 de ce livre.

Lorsque nous évoquions le serpent qui parle, dans le jardin d'Éden, nous disions qu'il s'agissait du *nahash* (mot hébreu). Le bâton de Moïse devient *nahash*, à l'image du serpent qui tente Ève. Premier point. Mais les serpents qui surgissent des bâtons des magiciens égyptiens sont des *tanin*. Certaines traductions proposent le terme *reptiles*, voire *crocodiles*, plutôt que serpents. Or, une citation biblique, extraite du prophète Ézéchiel est ici utile :

La dixième année après la déportation, le douzième jour du dixième mois, le Seigneur m'adressa la parole : « Toi, l'homme, tourne ton regard vers le pharaon, roi d'Égypte, et prononce de ma part des menaces contre lui et contre tout le pays d'Égypte. Transmets-lui ces paroles que je lui adresse, moi, le Seigneur Dieu : Je vais intervenir contre toi, Pharaon, roi d'Égypte. Tu es comme un crocodile (tanin) monstrueux, tapi dans les bras du Nil. Tu affirmes que ce fleuve t'appartient parce qu'il est ton œuvre. Eh bien, je vais fixer des crochets dans tes mâchoires et faire adhérer à tes écailles les poissons de ton fleuve. Je te sortirai du Nil, avec tous ces poissons accrochés à tes écailles. Je vous jetterai dans le désert, toi et tous ces poissons. Tu tomberas mort à la surface du sol, sans que personne ne ramasse ni n'enterre tes restes. Je les donnerai en pâture aux oiseaux et aux bêtes sauvages. Alors tous les habitants d'Égypte seront convaincus que je suis le Seigneur. » (Ézéchiel 29)

Première remarque : Historiquement, la situation n'est pas la même, mais sur le fond, la menace est identique. Deuxième observation, le pharaon est associé au crocodile, et il est fort probable que le saurien, maître du Nil, était aussi un symbole de la puissance pharaonique. Lorsque le serpent de Moïse engloutit les crocodiles des mages, il ne fait que commencer à menacer la puissance égyptienne.

La menace lancée par Ézéchiel parle de l'empoisonnement du Nil et la mort des poissons : il est presque évident que le prophète rappelle le duel entre Moïse et Pharaon, et notamment la première plaie qui affecte le fleuve dieu.

Les dix fléaux

À la suite de l'épisode des bâtons transformés en serpents-reptiles, le pharaon refuse d'entendre Moïse et c'est alors que va commencer le processus des dix plaies dont l'objectif est, dans un premier temps, de faire lâcher prise à Pharaon.

Nous allons ici les énumérer et les expliquer chronologiquement avant de saisir le sens caché de ces signes et prodiges, et avant de chercher à dénouer le mystère qui entoure ces phénomènes, lesquels se sont échelonnés certainement sur plusieurs mois, voire une année complète.

Les plaies sont tantôt présentées comme des coups et des calamités (*makkot*) ; tantôt comme des manifestations, des signes divins (*ôtôt*) et tantôt comme des miracles, des phénomènes surnaturels (*mophtîm*). C'est dire le caractère complexe de ces plaies et fléaux ! D'ailleurs, si en français le terme plaie est généralement employé pour parler de ces fléaux, la Bible ne l'utilise qu'une fois, au moment de la dixième épreuve. À dix reprises, Moïse va venir vers le pharaon pour lui demander de libérer le peuple et, devant chaque refus, Dieu va frapper le pays et les Égyptiens exactement comme Moïse le prophétise. Dix plaies, dix fléaux que la tradition juive classe en trois séries de trois, plus le dernier malheur, le plus épouvantable de tous.

Il y a, premièrement, le Nil et tous les cours d'eaux qui deviennent du sang. Puis, une invasion de grenouilles suivie d'une irruption de moustiques ; première série. Surviennent des mouches venimeuses, puis la peste touchant les animaux et des ulcères couvrant les humains ; deuxième série. Enfin, la troisième vague est successivement composée d'orages de grêle, d'une invasion de sauterelles et de trois jours de ténèbres complètes. Le pharaon demeure obtus et refuse de répondre favorablement à la demande de Moïse ; c'est alors que survient le dernier fléau qui va briser totalement le maître de l'Égypte : la mort de tous les premiers-nés.

Plusieurs chapitres de l'Exode racontent ce long et terrible bras de fer entre le pharaon et Moïse, entre l'homme-dieu d'Égypte et le Dieu d'Israël. Chaque ligne de la Bible est importante et en voici l'essentiel. Pour la première série de fléaux, nous notons que Moïse rencontre le pharaon le matin, lorsque ce dernier est au bord du fleuve Nil et qu'il fait sa toilette. C'est un moment public et donc les interventions et les demandes de Moïse s'opèrent devant de multiples témoins. À la fin de cette série de trois (le sang, les grenouilles et les moustiques), certaines personnes sont convaincues que Moïse est bien un messager divin, un représentant d'un dieu supérieur aux dieux égyptiens. Or, les premiers à faire cette constatation sont les savants et les mages de la cour. Ils ont bien tenté de rivaliser avec la « magie » de Moïse, mais ils avouent être battus.

Pour la deuxième série de plaies infligées à l'Égypte et ses habitants, on note les mages observateurs impuissants, et même victimes, notamment lorsqu'ils sont couverts de pustules et d'ulcères. La Bible précise également que, cette fois (ces trois fois), Moïse se rend dans les quartiers privés du pharaon. Le face-à-face s'opère donc sans témoins et le pharaon pourrait plus facilement fléchir, sans perdre la face devant ses courtisans. Mais il persiste toujours dans son refus de laisser aller le peuple. Autre détail qui ne fait qu'épaissir le mystère : le texte biblique signale que, si les malheurs frappent l'Égypte et les Égyptiens, ils épargnent les Hébreux et la région où ils demeurent.

Troisième série (grêle, sauterelles et ténèbres) : cette fois, Moïse ne donne plus d'avertissements au pharaon, comme s'il ne servait à rien de le menacer tant son obstination est grande. En revanche, une frange de plus en plus importante d'Égyptiens se met à écouter Moïse et même à trouver des moyens pour éviter les fléaux qui frappent le pays. Bientôt, ils se dresseront contre le pharaon pour lui demander d'accéder aux attentes des Hébreux : *Les gens de l'entourage du roi lui dirent : « Jusqu'à quand cet individu va-t-il nous causer des malheurs ? Laisse donc partir les hommes d'Israël pour qu'ils aillent rendre un culte au Seigneur leur Dieu ! Ne comprends-tu pas encore que l'Égypte court à sa perte ? »*

La fracture est inévitable.

Si la tradition juive organise les dix plaies en trois séries, elle propose aussi un autre découpage à partir d'un fait totalement déroutant, à savoir l'attitude du pharaon.

En racontant la progression des dix plaies, la Bible signale que, jusqu'à la cinquième, le pharaon s'entête : *Le pharaon s'entêta ; il ne les écouta pas... Le pharaon s'en retourna chez lui et ne se soucia pas de cette affaire...*

À plusieurs reprises, le pharaon demande à Moïse et à Aaron de faire cesser les malheurs, parce qu'il a compris la leçon et qu'il se dit prêt à laisser partir le peuple ; alors Moïse obtempère, mais dès que le pharaon est libéré du fléau, il revient sur sa parole : *Le pharaon, voyant qu'il avait du répit, resta obtus ; il ne les écouta pas !*

Or, dès la sixième plaie, les choses semblent changer. Ce n'est plus le pharaon qui résiste à la pression, mais Dieu qui « ferme le cœur du roi » : *Le Seigneur fit en sorte que le pharaon s'entête !*

Dès lors, les spécialistes de l'exégèse biblique s'arrachent les cheveux car s'ouvre le problème du libre arbitre. Tant que Pharaon décide de lui-même de ne pas obéir à Moïse (et à son Dieu), c'est bien un choix personnel qui porte en lui des conséquences inéluctables et méritées. Mais dès que le pharaon n'est plus vraiment libre de ses choix parce que Dieu lui-même endurcit son cœur, l'intervention divine disculpe, par voie de conséquence, le pharaon de ses responsabilités. Dieu est dès lors responsable de l'attitude obstinée du pharaon, et ce dernier ne peut être tenu pour responsable de sa dureté qui entraîne, entre autres, la dixième et terrible plaie.

Le problème est sérieux et il serait injuste de le passer sous silence. C'est dans la psychologie du personnage que se trouve une explication possible qui évite de rendre Dieu responsable d'une injustice, et surtout qui permet de comprendre les méandres de la haine et les situations de non-retour.

Le texte parle bien d'une haine entre le pharaon et les Hébreux. La prospérité des Israélites est, aux yeux du roi, insupportable d'autant que ces immigrés gardent leurs rites, leurs coutumes et leur religion. Ils ne sont pas seulement des éléments incontrôlables en cas de conflits, ils sont aussi des failles dans la cohésion nationale dès lors qu'ils ne s'assimilent pas vraiment. Parce que Dieu semble bénir et multiplier ce peuple, l'envie et la jalousie montent dans le camp adverse. Or, l'envie et la haine croissent en proportion des bienfaits accordés à ceux qui inspirent cette haine. En protégeant le camp des Hébreux, indirectement, Dieu augmente l'ulcération du pharaon qui ne comprend pas pourquoi son peuple est frappé (par des cataclysmes naturels ?) et non Israël.

Pharaon est maître de l'Égypte et il refuse catégoriquement de se soumettre à un peuple qu'il a asservi. Il refuse – et on peut le comprendre – de devenir l'esclave de ses esclaves en obéissant aux injonctions de Moïse. Or, plus il refuse de choisir le bien, plus son cœur devient dur. Le refus est lié à la haine et une telle haine aliène celui qui se croit libre et responsable de ses choix. La haine se retourne contre Pharaon qui va en « crever » !

Plus Moïse explique, moins le pharaon semble accessible. Nous sommes là en face d'un étrange phénomène qui conduit à la mort par une espèce de suicide. Nous amorçons ici une lecture psychanalytique de cet épisode, mais ce n'est qu'une ébauche. Car tous ces chapitres bibliques parlent de façon précise et profonde de l'intimité humaine et de ses combats. Nous y reviendrons dans le chapitre suivant. Pour l'heure, et puisqu'il faut parfois expliquer la Bible par la Bible, il n'est pas inutile de faire quelques voyages dans le grand livre. Le prophète Ésaïe, bien des années plus tard, reçoit une étonnante consigne. Dieu lui déclara : *Va dire à ce peuple : Vous aurez beau écouter, vous n'entendrez pas. Vous aurez beau regarder, vous ne verrez pas. Rends-les donc insensibles, durs d'oreille et aveugles ; empêche leurs yeux de voir, leurs oreilles d'entendre et leur intelligence de comprendre, sinon ils reviendraient à moi et ils seraient guéris (ils se convertiraient).* (Ésaïe 6. 9)

Ce surprenant texte est repris par Jésus-Christ cité dans l'Évangile de Matthieu : *C'est pourquoi j'utilise des paraboles pour leur parler : parce qu'ils regardent sans voir et qu'ils écoutent sans entendre et sans comprendre. Ainsi s'accomplit pour eux la prophétie exprimée par Ésaïe en ces termes : Vous entendrez bien, mais vous ne comprendrez pas ; vous regarderez bien, mais vous ne verrez pas. Car ce peuple est devenu insensible ; ils se sont bouché les oreilles, ils ont fermé les yeux, afin d'empêcher leurs yeux de voir, leurs oreilles d'entendre, leur intelligence de comprendre, et ainsi, ils ne reviendront pas à moi pour que je les guérisse, dit Dieu.* (Matthieu 13. 13)

Le parallèle entre les deux citations est facile, et il est possible de rattacher cette sanction à la situation du pharaon du livre de l'Exode.

L'apôtre Paul va éclairer le problème en parlant de la puissance destructrice de l'endurcissement : *Par ton endurcissement et par ton cœur impénitent, tu t'amasses un trésor de colère pour le jour de la colère et de la révélation du juste jugement de Dieu…*

En d'autres termes, Dieu est libre de sanctionner celui qui refuse obstinément sa parole et ses lumières. La dureté du pharaon est décidée par lui-même et non par Dieu. Par ailleurs, dans le contexte de l'Exode, il semble bien que le narrateur explique qu'« endurcir » signifie porter un jugement sur la faute, sur l'erreur et sur la fermeture à Dieu. Dieu sanctionne le péché (car c'est de cela qu'il s'agit) dont l'auteur ne change pas, ne se corrige pas, ne reconnaît pas ses erreurs. Dieu n'est pas source de l'endurcissement, mais juge de la désobéissance.

L'obstination, le refus d'obéir à Moïse (et donc à Dieu) poussent le pharaon à sa propre destruction. Sa mort est annoncée. Mais avant la mort du pharaon, d'autres morts vont survenir.

La dixième plaie se détache des autres, non seulement parce qu'elle est hors-série et démesurée, mais aussi parce que, entre le neuvième fléau et elle, plusieurs pages de la Bible proposent la préparation du peuple hébreu au départ imminent. C'est ce que les biblistes appellent *l'institution de la Pâque* ; Pâque signifiant passage. Le peuple va passer de la servitude à la liberté, de l'Égypte à la Terre promise. Il va connaître une nouvelle destinée qui sera aussi une épreuve : le désert et quarante ans de nomadisme insensé. Mais pour l'heure, le peuple ignore le temps de la traversée du désert.

Le repas pascal est institué, notamment par des signes et des symboles forts. Il faut sacrifier un agneau dont le sang sera mis sur les portes et les linteaux des maisons. Cette souillure prendra bientôt son sens. Les Hébreux devront manger des herbes amères, rappel de l'esclavage et de l'amertume de la servitude, et du pain sans levain : le levain est une espèce de levure faite du pain précédent. Sans levain, cela veut dire sans passé, sans la moisissure du pain d'avant. De plus, le départ étant proche, le pain n'a pas le temps de lever ! La promptitude est marquée par ce détail, mais aussi par le fait que tout le peuple doit manger debout, le bâton de pèlerin à la main.

Alors que le peuple israélite mange son dernier repas sur le sol égyptien, la dixième plaie frappe le pays : Tous les premiers-nés meurent en une nuit, frappés par « l'ange exterminateur » qui sillonne l'Égypte et entre dans toutes les maisons pour accomplir sa funeste mission. Mais là où les portes sont marquées du sang de l'agneau pascal, l'ange passe outre et épargne la maisonnée.

Le pharaon, comme toute famille égyptienne, voit mourir son fils aîné, et donc son successeur, lors de cette fameuse et terrible nuit. C'est plus qu'il n'en peut supporter. Il ordonne à Moïse de partir et d'emmener avec lui ce peuple impossible.

La violence de cette dernière plaie qui semble enfin infléchir le pharaon est à rapprocher de cette autre violence du pouvoir pharaonique qui avait décrété que tous les enfants mâles nés dans le camp des Hébreux devaient être noyés dans le Nil.

Fin provisoire de l'histoire. Reste maintenant à la comprendre. Et à vérifier si les différents cataclysmes, appelés plaies ou fléaux, sont historiquement vrais ou s'il faut lire seulement une intention théologique, psychanalytique, symbolique !

C'est l'objet du chapitre suivant !

CHAPITRE 9

Les dix plaies d'Égypte

Deuxième partie.
L'exode du peuple hébreu vers la Terre promise,
après plusieurs siècles de présence servile en Égypte,
est l'un des événements phares de toute l'histoire d'Israël.
Celle-ci est donc pleine de multiples sens que plusieurs siècles
de lectures et d'interprétations ont à peine décodés.
Or, les dix plaies qui ont frappé l'Égypte avant que les Hébreux ne
puissent en sortir font-elles partie de l'Histoire,
ou d'une relecture symbolique, théologique,
psychanalytique des événements ?

Dans ce chapitre, nous n'allons pas reprendre de façon précise chacune des dix plaies d'Égypte. Nous espérons que la lecture du chapitre précédent et celle des textes bibliques eux-mêmes permettront au lecteur de maîtriser, au moins un peu, ce qu'il en est.

Une lecture théologique des textes a été proposée, notamment dans l'interprétation de l'endurcissement du cœur de Pharaon. Nous allons maintenant initier deux pistes : la lecture psychanalytique puis, grâce aux découvertes archéologiques et géologiques, tenter de trouver des traces des événements relatés.

La dualité Moïse-Pharaon

Tout au long des chapitres bibliques qui racontent les dix fléaux frappant l'Égypte, il est fait mention de Pharaon, sans le nommer. Or, l'absence de ce nom entraîne une improbable datation juste des événements. Les historiens tentent de faire coïncider la Bible et les archives égyptiennes en leur possession, afin de situer l'époque des cataclysmes et catastrophes, et surtout la date possible du départ d'Égypte vers Canaan de plus de 600 000 hommes, sans compter les femmes et les enfants. Pareil déplacement devrait être noté ailleurs que dans les seuls textes bibliques.

Les récits qui composent les premiers chapitres de l'Exode pourraient correspondre à plusieurs dynasties de pharaons. Les hypothèses s'échelonnent du XVIe au XIIIe siècle avant Jésus-Christ. Certains avancent que le pharaon en question serait Ramsès II qui fut un grand bâtisseur (et qui avait donc besoin d'une abondante main-d'œuvre, notamment pour construire plusieurs villes dont sa nouvelle capitale) et qui vécut aux environs de 1304-1236 (selon Larousse) avant notre ère. Bien des historiens s'accordent pour faire de ce Ramsès le personnage qui s'oppose à Moïse. Il y a cependant une ombre au tableau : la fameuse découverte de la momie de Ramsès II empêche d'imaginer qu'il s'agit du pharaon dont le texte biblique dit qu'il mourut noyé en poursuivant les Hébreux, lesquels étaient en train de traverser la mer des Roseaux.

Par ailleurs, une thèse scientifique propose une explication des plaies à un moment précis de l'Histoire, aux alentours de 1600 avant Jésus-Christ. Cette date ne correspond pas avec celle de Ramsès II.

La Bible n'est pas précise parce qu'elle développe plus une théologie qu'une histoire du peuple hébreu. En ne nommant pas le pharaon mis en scène, elle veut accentuer l'image type du pouvoir (ici égyptien) plutôt que focaliser notre attention sur tel ou tel roi de telle ou telle dynastie.

Moïse, élevé à la cour, adopté par la fille de Pharaon, est considéré comme un Prince d'Égypte ; parfois, il est présenté comme l'ami du futur roi, presque un frère. Ce lien, suggéré par la littérature populaire et la tradition, n'a pas de bases réellement bibliques. Cependant, il est possible d'envisager une relation étroite entre le Prince et le futur pharaon. Or, lorsque Moïse se présente, sans problème protocolaire, devant Pharaon, trouve-t-il un ami d'enfance ? Les rapports difficiles entre les deux hommes peuvent soulever le doute quant à cette théorie.

Mais la psychanalyse s'empare de ces récits pour dire que le duel Moïse-Pharaon est proche du combat de Jacob au Yabbocq (voir chapitre 7 ; le mystérieux combat). L'Exode est la projection de nos aliénations intérieures et le chemin proposé pour « en sortir ». Moïse a découvert la porte de sortie, éclairée par Dieu ; il veut entraîner tout son peuple à sortir d'Égypte, de la servitude et de l'esclavage. C'est ce qu'avance Annick de Souzenelle, qui, comme Marie Balmary, s'est spécialisée dans une lecture psychanalytique et symbolique de la Bible. Dès lors, Moïse symbolise en nous celui qui s'ouvre un espace de liberté allant en s'agrandissant par des changements successifs, alors que Pharaon représente celui qui reste bloqué par ses forces d'asservissement intérieur et qui s'oppose à toute libération. Moïse et Pharaon sont en chaque homme (en nous), en lutte, puisqu'une partie veut s'ouvrir pour atteindre une Terre promise et que l'autre se crispe dans ses acquis et ses intérêts figés. Il n'est donc pas utile de situer historiquement les événements puisqu'ils se répètent en chacun, dans une brûlante actualité personnelle.

Et chaque plaie devient une symbolique qui sert de préambule à la symbolique pascale.

Chemin de transformation

Le peuple esclave n'est pas seulement l'image d'un étranger exploité sur des chantiers pharaoniques, et sa libération, son cheminement vers la Terre promise ne sont pas seulement l'affranchissement de l'esclavage ; ce serait trop simple, voire simpliste. De fait, l'homme est esclave de lui-même et de ses penchants depuis le jardin d'Éden. Il doit revenir à Dieu en passant par un retournement total de lui-même ; par une lutte sur lui-même. C'est ce que la Bible appelle « mourir à soi-même ». Le combat est donc titanesque en l'homme. Prisonnier dans ses ornières et perdu dans ses labyrinthes intérieurs, l'homme doit « sortir » trouver le passage, faire ses « pâques », pour vivre en nouveauté de vie. En lui, il y a l'espace de deux forces opposées : Moïse et Pharaon, élevés ensemble, mais de racines différentes. Moïse est visité, mandaté, représentant et instrument de Dieu ; Pharaon est homme-dieu dont la puissance est vite dépassée par celle de « Celui qui est ».

Moïse qui dit avoir « la langue embarrassée », qui balbutie des excuses pour ne pas être porte-parole de Dieu (littéralement prophète) est bousculé par le Verbe de Dieu qui s'impose en se présentant sous une formule nouvelle : YHWH : « je suis celui qui est ».

À remarquer : lorsque Jacob combat l'adversaire au gué de Yabbocq, il ne parvient pas à avoir une réponse à la question : « Quel est ton nom ? » Mais lorsque Moïse reçoit sa mission, face au buisson qui brûle mais ne se consume pas, et qu'il demande : « Je vais en ton nom, mais quel est ton nom ? » Dieu lui répond : *YHWH : Je suis celui qui est !*

Dès lors, Moïse porte la parole d'un Dieu qui fait ce qu'il annonce à un pharaon qui ne cesse de mentir, de promettre sans tenir, de revenir sur sa parole.

C'est le duel entre le dire et le « mé-dire » ; entre la vérité et le mensonge. C'est bien un combat intérieur qui doit aboutir à une libération.

Les diverses plaies ne sont pas là seulement pour faire céder le pharaon ; elles attestent la puissance et la suprématie du Dieu d'Israël dans un pays où les dieux sont légion. Et chaque fléau va humilier l'un de ces dieux. C'est ainsi, par exemple, que la première plaie blesse le Nil, dieu nourricier et fécondateur. Il devient sang et des poissons par millions sont empoisonnés. L'un des dieux est Râ, le soleil, et l'une des plaies va provoquer trois jours de ténèbres si épaisses que les hommes ne parviennent plus à se voir à quelques pas les uns des autres ; ils sont contraints de se calfeutrer chez eux.

Mais il y a plus : les grenouilles qui montent du fleuve et qui infestent tout. Le terme hébreu qui est traduit par grenouilles peut aussi vouloir dire « essor des connaissances ». La grenouille sort de l'eau pour aller vers la terre et dans les maisons. Dans la symbolique biblique, l'eau et l'humidité sont associées aux ténèbres ; le sec est symbole de lumière. La grenouille passe de l'inconscience à la conscience, fait des progrès vers la lumière. C'est ainsi que, dans certains contes populaires, la grenouille est prisonnière d'un sort (ténèbres) et doit en sortir pour devenir princesse (lumière).

La grenouille est aussi, selon certains *midrashim* (commentaires juifs de la Bible) le retour et la réconciliation du féminin en l'homme, en rupture de lien depuis le jardin d'Éden.

Ainsi, pour « sortir » de ses luttes intérieures, il faut aussi laisser monter les grenouilles !

Troisième plaie : Les moustiques semblent naître de la poussière, comme les hommes. Ils sont cependant de la vermine (c'est une autre traduction possible du terme *kenim* qui désigne ces insectes). Symboliquement, ces moustiques représentent les créations humaines puisque, comme Dieu, l'homme façonne depuis la poussière : ce sont alors ses inventions, ses techniques, ses systèmes de pensée même, et donc ses idéologies, voire ses idolâtries. Il y a un caractère nocif dans ces créations dès lors qu'elles supplantent le Dieu créateur. L'homme est poussière et doit retourner à la poussière : le sens de l'insignifiance des productions humaines est bien noté par le rappel de l'origine de toutes ces conceptions. Et il serait dangereux de les honorer, de faire de son travail son dieu, de ses idées des idoles. Dans *kenim* (vermine) s'imbrique la racine du verbe vénérer ou honorer : *Kanoh.* Or, le fruit de la poussière ne doit jamais être vénéré. Ce serait faire insulte au vrai Dieu.

Pharaon est un homme-dieu honoré, mais dans le terme Pharaon se loge le terme poussière *Aphar*; le texte fait un clin d'œil narquois et laisse entendre que le vénéré n'est que poussière. Mais le pharaon ne le sait pas encore. Bâtisseur, il fait élever des villes entières à partir du travail des Hébreux, lesquels doivent façonner des briques à partir de la terre-poussière. Mais ces constructions sont des prétentions humaines qui sont destinées à la ruine.

La quatrième plaie ressemble à la troisième : apparition de mouches venimeuses, voire de taons. Là où les moustiques pouvaient symboliser les superstitions et les fausses croyances, les mouches-taons figurent les débauches sexuelles qui ravalent l'homme au rang de bête. C'est pourquoi les taons, qui normalement ne piquent que des animaux, s'attaquent aussi aux hommes. Deux dieux importants de l'Égypte sont figurés par des animaux : le taureau Apis et le bélier Ammon. En frappant le bétail, Dieu élimine des idoles.

Mais nous en sommes à mi-parcours des fléaux et la cinquième plaie annonce, par la mort des animaux, la dixième qui sera la mort des premiers-nés. Le bétail qui meurt symbolise le monde vivant qui passe et dont l'homme fait des dieux. La peste, comme la lèpre, est, dans le langage biblique, une maladie impure qui est une matérialisation mortelle du péché.

L'énumération des animaux frappés fait la joie des psychanalystes qui proposent pour chacun un sens précis de l'être intérieur (et de ses combats) : le cheval est le symbole de la libido ; l'âne est à la fois figure de la servitude et de la qualité d'écoute (donc obéissance, jusqu'à l'esclavage) ; le chameau est l'animal des déserts, des épreuves, des sécheresses ; le gros bétail propose une trilogie très humaine : jouissance-possession-puissance ; le menu bétail est en quête de verticalité.

L'homme intérieur doit détruire son animalité afin de saisir l'avenir, et le construire. Il est remarquable d'observer que peste s'écrit *Deber*, un terme proche de *Dabar* qui signifie « Verbe ».

Le verbe construit, crée le Moïse en nous, tandis que la peste détruit l'animal-Pharaon qui résiste dans notre Égypte intérieure.

Plaie suivante : la Bible de Jérusalem signale, avec un certain sens des mots que « les ulcères bourgeonnant en pustules symbolisent les cœurs orgueilleux qui, à la fois, se rétractent sur eux-mêmes et s'enflent jusqu'à éclater et répandre leur humeur purulente ».

Les ulcères germent sur les hommes et sur les bêtes. Cette étrange maladie est citée quatre fois, et cette quantité précise permet de cadrer, d'encadrer, d'encercler la victime qui ne peut y échapper. L'orgueil doit être consumé au risque d'enfermer l'homme dans ses « enflures » et ses prétentions pestilentielles.

C'est en jetant à la face de Pharaon de la suie que la maladie va se répandre. Pourquoi de la suie ? Cette poussière est la résultante d'une combustion, les restes d'un feu. Le feu doit détruire en nous l'homme mauvais, le pharaon, tandis que l'amour brûlant doit permettre la nouvelle naissance de l'homme Moïse.

Le terme qui forge le mot suie est aussi celui qui forge le mot lutte. Et c'est ce terme que l'on retrouve (encore) au moment où Jacob lutte toute une nuit contre un adversaire mystérieux, lui-même, ou Pharaon en lui. À l'issue du combat, avec le jour qui monte, c'est la victoire sur lui-même : le mauvais en lui est détruit, brûlé, consumé, réduit en poussière de feu.

Septième plaie : c'est une grêle redoutable, comme jamais de mémoire d'homme il n'en est tombé. La grêle est une manifestation de la puissance de Dieu comme l'indique, par exemple, le prophète Ésaïe : *Yahvé fera entendre la majesté de sa voix, il fera sentir le poids de son bras, dans l'ardeur de sa colère accompagnée d'un feu dévorant, de la foudre, d'averses et de pierres de grêle.* (Ésaïe 30. 30) Cette citation utilise le tétragramme identitaire de Dieu : YHWH, comme dans le texte de l'Exode. Et il parle d'averses de grêle. En hébreu, averse et sperme sont un seul et même mot !

La semence de Dieu s'abat avec violence sur la terre et, au lieu de la féconder, la détruit. La septième plaie fait écho au septième jour de la création où Dieu achève (littéralement détruit) les cieux et la terre.

La grêle (*Barad*) a la même valeur, en hébreu, que le Verbe (*Dabar*) puisque les mêmes consonnes (dans un ordre différent) forgent les deux mots : BRD. C'est ainsi que le Verbe de Dieu et la grêle sont des expressions synonymes de la puissance divine.

Mais lorsque l'homme se crée lui-même, se construit et fonde tout dans sa puissance virile et créatrice, il ne fait que désacraliser son rôle de géniteur et de fécondateur : il ne produit alors que dévastation, saccageant, foudroyant, dévastant son lieu intérieur.

Les sauterelles viendront ensuite, huitième plaie, détruire ce que la grêle a épargné. Ces sauterelles dévoreuses sont bien connues dans cette région du monde. Ce sont des calamités terribles. Un passage, et c'est le désert. Elles sont multiples, mais, en même temps, elles ne forment qu'une armée redoutable.

C'est d'ailleurs intéressant de noter que le terme biblique qui se traduit par sauterelles est un singulier, comme une entité indissoluble, même si le mot devient pluriel pour dire qu'il y avait des sauterelles partout, jusque dans les maisons. Ces insectes sont associés aux démons. Or, un jour, Jésus exorcise un homme possédé et questionne le démon en lui demandant : Quel est ton nom ? Et le démon répond : Je suis *légion* ! (Marc 5. 9)

Voilà donc notre légion de sauterelles qui, selon certains commentateurs, symbolise les soucis du monde, de ses richesses et de ses plaisirs, lesquels dévorent toute disponibilité pour le temps de Dieu.

Avant-dernière plaie, la nuit en plein jour. C'est une façon de minimiser la puissance de Râ, mais les ténèbres sont aussi le rappel pour dire que la lumière de Dieu n'est guère reçue. Il y a une opposition forte à la lumière parce qu'elle montre l'homme tel qu'il est. Et particulièrement l'homme intérieur qui cache son jeu, joue de la nuit et des obscurités pour vivre le mal et la débauche. Mais à trop refuser la lumière, on tombe sous la condamnation, on sombre dans les ténèbres éternelles.

Cependant les ténèbres, comme le chaos initial, attendent la parole libératrice qui déchire et ouvre (sort : à la façon d'une naissance) : *« Que la lumière soit ! »*

Les ténèbres sont le neuvième fléau comme la naissance surgit au neuvième mois. Nous sommes proches de la sortie d'Égypte. Le combat intérieur dans l'Égypte intérieure va aboutir à une explosion de liberté, une ouverture sur un avenir prometteur. Mais il faut encore entrer dans les profondeurs des ténèbres, sonder l'abîme. Trois jours d'une nuit épaisse : en hébreu *Aphelah*, un mot qui flirte avec *Aleph*, première lettre de l'alphabet, commencement par excellence.

Les Hébreux vont renaître ; dans le combat intérieur Moïse-Pharaon, la victoire appartient à celui qui saura accueillir la lumière, sortant des ténèbres comme on sort de la servitude. Trois jours de ténèbres : écho des trois jours qui séparent la mort et la résurrection du Christ, « lumière du monde ». Or, Jésus est mort à la neuvième heure, dit l'Évangile. Et, durant ces trois jours, le texte évangélique dit que Jésus est allé visiter les abîmes pour y chercher des êtres à sauver. Énigme nouvelle, indécodable, mais qui ne manque pas de saveur.

L'agneau et les fils premiers-nés

Entre la neuvième et la dixième plaie, l'institution de la pâque avec, au centre, l'agneau sacrifié, partagé, mangé dans le camp des Hébreux, et dont le sang doit être mis sur les portes et les linteaux. Il est impossible de comprendre le sens de la dixième plaie sans rapprocher le drame de l'agneau pascal, et sans se souvenir d'un autre premier-né lié sur un autel sacrificiel.

Abraham, le premier patriarche, entend un jour Dieu lui demander le sacrifice de son fils Isaac : *Dieu mit Abraham à l'épreuve. Il l'appela et Abraham répondit : Oui, je t'écoute. Dieu reprit : Prends ton fils Isaac, ton fils unique que tu aimes tant, va dans le pays de Moria, sur une montagne que je t'indiquerai, et là, offre-le-moi en sacrifice.* (Genèse 22. 2)

Cet ordre est incompréhensible à la première lecture, mais pour Abraham, il faut obéir à Dieu, sans chercher à comprendre. Il faut faire un acte de foi et le différencier d'un acte de servitude, de servilité. La suite de l'histoire est connue de tous, en tout cas des Hébreux : au moment où Abraham est prêt à sacrifier son fils, Dieu l'arrête, honore sa foi et lui montre un bélier qui doit remplacer le fils sur l'autel.

Entre cet épisode inscrit dans la mémoire des Israélites, l'agneau pascal qui marque le départ imminent vers la Terre promise, le combat intérieur Moïse-Pharaon dans l'Égypte intérieure de tout humain, et le Christ à venir, autre Agneau de Dieu et Fils unique sacrifié, il y a plusieurs connexions possibles, plusieurs concordances évidentes et plusieurs conjonctions de lectures.

Pour réellement « sortir » de l'Égypte, terre de servitude, il faut combattre autant les démons extérieurs que les démons intérieurs. Il faut aller jusque dans ses abîmes profonds, fouiller ses ténèbres et en sortir vainqueur. Mais pour cela, il faut mourir à soi-même pour entendre une véritable parole créatrice. Mais on ne peut se tuer pour vivre : il faut alors une substitution et l'agneau sera le « bouc émissaire » chargé des erreurs et des errances de l'homme. L'agneau remplace l'être intérieur à effacer comme le bélier remplace Isaac. Frappé, sacrifié, il donne le pouvoir de ressusciter de soi-même.

En refusant ce transfert, on se condamne à mourir sans avoir vaincu le pharaon en soi. Et ce sont les premiers-nés égyptiens, comme les premiers-nés des animaux, qui sont frappés par l'ange exterminateur, lequel s'efface devant chaque maison marquée du sang de l'agneau pascal, l'agneau qui permet le passage.

En filigrane, le sens de la croix et de la mort du Christ se dessine déjà. Mais c'est là une lecture messianique, après une lecture symbolique, théologique et psychanalytique.

Pareil développement donne un peu le vertige. Il confortera le croyant dans sa foi et surprendra l'agnostique par la surabondance de symboles lesquels, certainement, peuvent être lus et commentés autrement. Il est cependant évident que ces chapitres de l'Exode sont tellement chargés de sens cachés à décoder qu'on se demande s'ils ne sont pas simplement des légendes pour faire réfléchir, pour forger des principes universels et pour exciter les imaginations. Dès lors, les récits ont-ils besoin d'être historiques ? Pour certains, la réponse est négative, et ils y ajoutent leur conviction que les faits sont purement et simplement inventés.

D'autres diront que les diverses plaies peuvent facilement être une succession logique de catastrophes à la suite d'un cataclysme initial. Ainsi, on a avancé l'idée qu'un tremblement de terre (ou une terrible pluie) survenu au sud de l'Égypte, du côté des sources du Nil, aurait provoqué d'abondants déversements d'une terre rougeâtre qui teinta assez le Nil pour faire croire à du sang. Cette terre nocive aurait également fait mourir les poissons. Ensuite, les grenouilles, abondantes en ce temps-là sur les bords du Nil, auraient fui l'eau polluée. La mort des poissons puis des batraciens aurait provoqué l'éclosion de millions d'insectes : des moustiques, des mouches, des taons… Et ces insectes auraient à leur tour transmis des maladies au bétail, puis les hommes auraient été contaminés. Un malheur n'arrivant jamais seul, la grêle et le déchaînement de la nature auraient provoqué la suite des catastrophes.

Comme on le dit prosaïquement : ça peut coller.

La science au secours de la Bible

Mais depuis de récentes découvertes, les suppositions deviennent certitudes. Point de tremblement de terre en Nubie ou en Somalie, mais une éruption volcanique en Grèce serait à l'origine de la succession des fléaux, de l'autre côté de la Méditerranée.

Selon deux savants, Gilles Lericolais (France) et William

Ryan (USA), à l'éruption du volcan Santorin, situé dans un archipel grec, peuvent correspondre les dix plaies d'Égypte. Leurs travaux, publiés en 2002, ont été abondamment commentés dans la revue *Science & Vie* de mai 2002.

Le complexe volcanique Santorin est face à l'Égypte, à environ 700 km des côtes. Vers 1600 avant notre ère, le Santorin a connu une violente éruption et a vomi quelque 30 km^3 de cendres et de laves. Selon un troisième spécialiste, Tim Druitt, du laboratoire de vulcanologie de Clermont-Ferrand, ce qui a été expulsé par le Santorin a atteint la vitesse du son. Les cendres et fumées ont alors formé une colonne d'environ 36 km avant de se diriger vers la Crète et l'Égypte, en fonction des vents dominants.

L'éruption a provoqué également un raz de marée qui s'est répandu en cercles concentriques. Ce phénomène est celui qui a entraîné la disparition de la civilisation minoenne, en mer Égée. Les vagues atteignirent-elles les côtes égyptiennes ? Nul ne le sait vraiment. Mais nos savants pensent que les cendres ont touché le delta du Nil. Des relevés stratigraphiques du sédimentologue Daniel Stanley témoignent de la présence de particules volatiles de nature volcanique, d'âge et de composition chimique identiques à celles du Santorin. Or, ces particules, nommées téphras, seraient à l'origine du premier fléau. G. Lericolais signale qu'autour du Santorin on trouve beaucoup de roches formées de laves acides et qui donnent aux plages la couleur carmin. De son côté, B. Ryan relève la teneur élevée des particules volcaniques en acide sulfurique ; assez pour oxyder des roches ferreuses du Nil et empoisonner l'eau.

Les nuages de particules, voyageant au gré des vents, pouvaient également « redescendre » sur l'Égypte durant plusieurs jours, opacifiant le ciel et plongeant la région dans l'obscurité.

De même, les particules peuvent constituer des noyaux de condensation (pluviogènes ou glaciogènes). Selon Jean-François Royer (ingénieur de recherche à *Météo France*), dans le premier cas, il pleut, dans le second, on assiste à des orages de grêle.

Les pluies torrentielles, dans un pays comme l'Égypte, provoquent des phénomènes surprenants, voire graves. Selon J.-F. Royer, une perturbation météorologique peut entraîner, quelque temps après, une invasion de criquets pèlerins par milliards : 200 criquets au mètre carré, absorbant chaque jour la moitié de son poids.

Si l'éruption du Santorin a provoqué raz de marée et pluies torrentielles, l'augmentation de l'humidité dans l'air peut aussi avoir provoqué la sortie massive des grenouilles et l'apparition d'insectes. Des épidémiologistes américains pensent à deux espèces particulières : les *stomoxys calcitrans* (mouches) et les *culex antennatus* (moustiques). Ces deux espèces sont capables d'inoculer des maladies graves aux animaux et aux hommes ! Dans un tel climat et un tel environnement, n'importe quelle maladie de peau peut se développer, et se manifestent alors les ulcères et autres pustules...

Si la science vient au secours des textes bibliques, il n'en demeure pas moins que deux mystères restent entiers. Le premier est que Moïse vient avertir Pharaon de chaque calamité à venir. Il ne pouvait ni écouter les prévisions météorologiques, ni savoir qu'un volcan, dans les eaux grecques, provoquerait une succession de phénomènes inconnus jusqu'ici.

C'est un heureux hasard, diront certains. C'est une réécriture de l'histoire après coup, diront d'autres. Le rabbin Ken Spiro explique un principe théologique né de la lecture des textes et des phénomènes surnaturels : *Le judaïsme pense que la nature n'agit pas indépendamment de Dieu mais, en même temps, il pense que Dieu a créé les lois de la nature et qu'Il n'interfère pas sur elles. Dieu est capable de faire ce qu'Il veut, mais Il ne s'amuse pas avec le monde physique et ses œuvres. C'est pourquoi la plupart des miracles sont des phénomènes naturels déclenchés selon un chronométrage impressionnant.*

En d'autres termes, en même temps que Dieu dit à Moïse ce qu'il faut dire et faire auprès de Pharaon, il demande au Santorin de se réveiller.

Autre énigme : si toutes les plaies sont le résultat (déclenché et chronométré) de l'éruption du Santorin, il demeure étonnant que les fléaux qui tombent sur l'Égypte et les Égyptiens épargnent le camp des Hébreux.

Mais attention : douter est peut-être redonner vie au Pharaon intérieur !

CHAPITRE 10

Les caprices du soleil

Au cours de guerres contre les rois amorites, des chefs d'armées
demandent l'aide et l'intervention de Josué et de ses hommes.
Pour que Josué ait le temps de gagner la bataille,
il demande au soleil de s'arrêter dans sa course.
Et le jour dure « comme deux jours » !
(cf. Josué 10)

Le roi Ézéchias apprend, par la bouche du prophète Ésaïe, que sa
vie est arrivée à son terme. Le roi se tourne vers Dieu
et demande à jouer les prolongations.
Dieu accorde cette rallonge (qui va durer quinze ans).
Mais Ézéchias veut une preuve ; il demande que l'ombre recule.
Et l'ombre recule de plusieurs degrés !
(cf. 2 Rois 20)

Josué est le successeur de Moïse. C'est lui qui entre en Terre promise avec les Hébreux partis d'Égypte quarante ans plus tôt ! Sa mission sera de conquérir la terre de Canaan et d'y installer les douze tribus d'Israël. Une opération qui va prendre plusieurs années et qui ne sera pas une partie de plaisir. Certaines occupations de terrains et de régions sont plus faciles que d'autres ; de plus, des guerres s'engagent entre les tribus. C'est lors d'une coalition contre des partisans de Josué que va se produire l'un des événements les plus mystérieux de l'Ancien Testament : la course du soleil est stoppée à la demande de Josué !

Cet épisode, relaté au chapitre 10 du livre de Josué, a naturellement suscité de multiples commentaires et entraîné des recherches plus ou moins astrologiques et scientifiques.

Voici en quels termes la Bible raconte l'incroyable miracle :

« *Adoni-Sédec, roi de Jérusalem, apprit que Josué s'était emparé d'Aï et avait complètement détruit la ville, en agissant envers elle et son roi comme il avait agi envers Jéricho et son roi. Il apprit aussi que les Gabaonites avaient passé un accord de paix avec les Israélites et vivaient parmi eux. Ces nouvelles causèrent une grande terreur à Jérusalem, car la ville de Gabaon, plus grande que celle d'Aï, était aussi importante que les villes royales et ne comptait que de vaillants soldats. C'est pourquoi Adoni-Sédec envoya des messagers à Hoham, roi d'Hébron, à Piram, roi de Yarmouth, à Yafia, roi de Lakich, et à Debir, roi d'Églon, pour leur demander ceci : " Venez m'aider à attaquer Gabaon, car ses habitants ont conclu un accord avec Josué et les Israélites. " C'est ainsi que cinq rois amorites, ceux de Jérusalem, Hébron, Yarmouth, Lakich et Églon, s'allièrent pour partir en expédition avec toutes leurs troupes ; ils assiégèrent Gabaon et l'attaquèrent. Les Gabaonites firent dire à Josué, au camp du Guilgal : " Ne refu-*

se pas ton aide à tes serviteurs, viens vite à notre secours et délivre-nous ! Tous les rois amorites de la région montagneuse se sont ligués contre nous ! "

Aussitôt Josué quitta le Guilgal avec ses soldats d'élite et toute l'armée. Le Seigneur lui déclara : " N'aie pas peur d'eux ! Je vais les livrer en ton pouvoir, aucun d'eux ne pourra te résister. " Après avoir marché toute la nuit depuis le Guilgal, Josué et ses troupes attaquèrent les Amorites à l'improviste. Le Seigneur mit les Amorites en déroute devant les Israélites : ceux-ci leur infligèrent une terrible défaite près de Gabaon ; ils les poursuivirent sur la montée de Beth-Horon, puis continuèrent à les harceler jusqu'à Azéca et Maquéda.

Lorsque les Amorites, en fuite devant les Israélites, descendirent de l'autre côté de Beth-Horon, le Seigneur fit tomber d'énormes grêlons sur eux. Ils en reçurent jusqu'à Azéca, et il y eut plus d'hommes tués par les grêlons que par les épées des Israélites.

Le jour où le Seigneur livra les Amorites à l'armée d'Israël, Josué adressa une demande au Seigneur en présence de tous les Israélites. Il s'écria :

" Soleil, arrête-toi au dessus de Gabaon !

Lune, immobilise-toi sur le val d'Ayalon ! "

Le soleil s'arrêta et la lune s'immobilisa jusqu'à ce que la nation d'Israël ait pris le dessus sur ses ennemis. Comme il est écrit dans le Livre du Juste, le soleil s'arrêta au milieu du ciel, il interrompit sa course vers le couchant pendant un jour entier.

Jamais auparavant et jamais depuis, il n'y eut de jour semblable à celui-là, où le Seigneur agit comme le lui demandait un homme : le Seigneur lui-même combattait aux côtés d'Israël !

Ensuite Josué et tous les Israélites retournèrent au camp du Guilgal. »

Josué et Galilée

Pendant très longtemps, soutenus par les autorités religieuses catholiques, les savants ont avancé la théorie selon laquelle la Terre était plate et surtout qu'elle était au centre du monde cosmique ; tout tournait autour d'elle et notamment le soleil. C'est à cause de l'interprétation fondamentaliste du texte relatant l'arrêt du soleil dans sa course, à l'époque de Josué, que les dignitaires religieux soutenaient notamment cette théorie. C'est pourquoi lorsque Galilée, dans les années 1630, proposa sa théorie selon laquelle la Terre n'était qu'une planète parmi d'autres au sein du système solaire, il connut quelques démêlées sérieuses avec l'Église. Grâce à une lunette astronomique qu'il avait lui-même mise au point, Galilée pouvait pourtant avancer que la Terre tournait autour du Soleil, et non l'inverse.

L'Inquisition s'occupa alors du cas Galilée et lui fit un procès qui ne pouvait que conduire le savant au bûcher s'il persistait. Pour sauver sa vie, Galilée accepta de renier publiquement ses dires, mais aurait également murmuré cette désormais célèbre remarque : « *Pourtant, elle tourne !* »

C'est en 1757 seulement que l'Église a accepté l'enseignement de l'héliocentrisme, lequel mettait bas les idées précédentes (théorie du géocentrisme).

Galilée avait raison. La Terre tourne bien sur elle-même et surtout elle tourne autour du Soleil. Ce point a dérouté l'Église qui a dû faire amende honorable, du bout des lèvres, tandis que la science des astres devenait désastre pour certaines interprétations bibliques. Dès lors, que faire de récit comme celui de Josué ? Ou de l'épisode qui a marqué la vie d'Ézéchias, roi d'Israël ?

En effet, un autre phénomène est souvent associé à *l'arrêt du soleil* de l'époque de Josué, c'est l'épisode durant lequel le temps semble avoir remonté dans le temps !

Le phénomène est raconté dans le deuxième livre des Rois :

« *À cette époque le roi Ézékias fut atteint d'une maladie mortelle. Le prophète Ésaïe, vint le voir et lui dit : "Voici ce que le Seigneur déclare : C'est le moment pour toi de régler tes affaires, car tu ne survivras pas à ta maladie. "*

Alors Ézékias se tourna contre le mur et adressa au Seigneur cette prière : "Ah ! Seigneur, souviens-toi : je me suis conduit envers toi avec une entière loyauté, j'ai toujours agi de manière à te plaire ! " Puis il ne put retenir ses larmes.

Cependant Ésaïe n'était pas encore descendu dans la cour intérieure du palais, que le Seigneur lui ordonna de retourner auprès d'Ézékias, le chef du peuple de Dieu, pour lui dire : "Voici ce que déclare le Seigneur, le Dieu de ton ancêtre David : J'ai entendu ta prière et j'ai vu tes larmes. Eh bien, je vais te guérir ; dès après-demain, tu pourras de nouveau te rendre au temple du Seigneur. Je vais même prolonger ta vie de quinze ans ! Je vous arracherai, toi et Jérusalem, aux griffes du roi d'Assyrie. Je protègerai cette ville, parce que je suis Dieu, et par fidélité à David mon serviteur. "

Ésaïe fit préparer une pâte de figues écrasées ; on la mit sur l'endroit malade, pour que le roi guérisse. Alors Ézékias demanda au prophète : "Quel signe m'assurera que le Seigneur me guérira, et qu'après-demain je pourrai de nouveau me rendre au temple du Seigneur ?

"Ésaïe lui dit : "Le Seigneur va t'accorder un signe pour t'assurer qu'il réalisera ce qu'il a promis : l'ombre va se déplacer de dix marches sur l'escalier d'Ahaz : préfères-tu qu'elle avance ou qu'elle recule ? Il serait plus facile que l'ombre avance de dix marches, répondit Ézékias ; je préfère qu'elle recule. "

Alors le prophète Ésaïe pria le Seigneur, et celui-ci fit reculer l'ombre de dix marches sur l'escalier. » (II Rois 20)

Cette ombre qui recule manifeste un dérèglement dans la « course du soleil ». Il est nécessaire de rapprocher les deux histoires pour tenter de résoudre ce double problème astronomique.

Globalement, dans la Bible, Dieu respecte les lois de la Création, d'autant qu'il est le Créateur de ces lois. Mais au cours des deux événements qui nous occupent ici, Dieu bouleverse l'ordre cosmique. Les scientifiques se frappent le ventre en se moquant de pareils textes. Cependant, dans les années 1980, plusieurs revues évangéliques, aux États-Unis puis en Europe, signalèrent qu'un groupe d'astronomes, travaillant sur l'âge de la Terre, avaient appliqué leurs calculs sur la base des découvertes scientifiques du moment pour arriver à un résultat incohérent. Les calculs donnaient vingt-quatre heures de plus à la planète et l'écart entre ce qui était connu et leurs résultats était mathématiquement inexplicable... Jusqu'à ce que quelqu'un vienne mettre sous le nez de ces astronomes les textes de Josué et du deuxième livre des Rois.

Le scepticisme ne fit que grandir.

Bien des savants restent prudents, perplexes, incrédules ; pour eux, ces récits bibliques ne sont que des mythes de plus. L'histoire selon laquelle des calculs astronomiques auraient pu prouver l'existence d'une journée manquante n'est pas vraiment nouvelle. Il est vrai qu'un regain d'attention, suscité par de « nouvelles preuves », ces dernières décennies, ont tenté d'effacer le mythe au profit de découvertes émanant de la NASA. Les ordinateurs de l'agence spatiale étaient supposés effectuer de nouveaux calculs pour aboutir finalement (et encore) à un trou de vingt-quatre heures ! Mais les questions fusent : Comment, avec exactitude, est-ce que cette journée manquante peut être découverte, alors que les datations sont toujours extrêmement aléatoires, imprécises, parfois au siècle près ? De plus, ces dates imprécises sont reconnues comme étant sujettes à caution ? Et comment trouver une journée manquante sans avoir un point de référence fixe se situant avant cette journée ?

Dans un certain nombre de milieux chrétiens, dans des dizaines de livres et sur un grand nombre de site Internet, la course stoppée du soleil est présentée comme un fait réel et vérifiable. Les preuves avancées sont presque toujours les mêmes.

L'une des versions les plus documentées signale que Harold Hill, président de la *Curtiss Machinery Company* de Baltimore (Maryland) et conseiller technique pour le programme spatial américain, travaillait avec des astronautes et autres chercheurs cosmiques afin de déterminer les prochains trajets et futures positions du Soleil, de la Lune et des planètes du système et ce pour déterminer la trajectoire des satellites à venir sur plusieurs centaines d'années. Pour prévoir et prévenir tout accident possible, il fallait se plonger sur les anciens tracés des planètes, sur plusieurs millénaires ! Et c'est là que les ordinateurs les plus performants se sont mis à boguer. Les données reçues et transmises aux machines comportaient une erreur fatale.

Les spécialistes de chez IBM, convoqués pour vérifier l'état des ordinateurs, ont été formels : le problème était dans les données et non dans l'appareil. Mais personne n'a trouvé la solution jusqu'à ce qu'un employé se souvienne du texte de Josué 10. Aussitôt, les savants ont vérifié dans la Bible, et ont même pensé avoir trouvé l'origine du problème et… débloqué la machine ! La solution était donc trouvée, ou presque. Car a surgi un nouveau problème : ajouter vingt-quatre heures aux calculs s'est révélé inexact. De fait, pour que les choses tombent justes, il fallait n'ajouter que vingt-trois heures vingt minutes ! Nouvelle surprise : la Bible avait été plus précise que la science puisqu'elle avait noté que le soleil s'était arrêté « presque » un jour de plus. Maintenant, il manquait encore quarante minutes ! Mais que sont quarante minutes pour les siècles ? Rien sinon un point d'interrogation que les scientifiques ont mission de résoudre.

Heureusement, le collaborateur qui connaissait l'histoire de Josué connaissait aussi celle du roi Ézéchias et de l'ombre qui recule.

Et bien sûr, *l'ombre qui recule de dix marches sur l'escalier* correspond à quarante minutes ! Cette affirmation n'est guère vérifiable que si l'observation est faite sur le fameux escalier d'Ahaz… qui n'est pas vraiment identifié.

Ainsi, plus on donne de détails, plus ils sont contredits. Le mystère reste entier et la science riposte.

La démarche scientifique

La démarche scientifique est toujours agnostique. Elle part d'un certain nombre de présupposés marqués par l'observation et l'expérience. Pour elle, tous les phénomènes de la nature sont déterminés ; ils procèdent d'une série de causes et d'effets. Toute la nature est régie par des lois globalement mécaniques.

Selon la science, il n'existe pas de suspension des lois connues de la nature, suite à l'intervention de phénomènes magiques, occultes ou parapsychologiques. Le surnaturel n'existe pas. Ainsi, la science rejette avec force le fait que, sur une parole humaine, le soleil décide d'arrêter sa course pour plusieurs heures. Elle ajoute qu'un tel phénomène, même s'il s'était produit, aurait eu des répercussions et des conséquences catastrophiques sur la Terre et ses habitants : du raz-de-marée apocalyptique à la panique meurtrière des hommes.

Pourtant la science, parfois modeste ou réaliste, admet que les modèles découverts et les lois simples déduites, ne sont souvent que des approximations d'une réalité non encore connue.

Certains théologiens soutiennent que la science finira

toujours par confirmer ce que la Bible dit ; en face, les scientifiques refusent ce type d'affirmation. D'autant qu'elles viennent de cercles initiatiques et religieux qui, d'une façon ou d'une autre, proclament que la science ne fait que redécouvrir des vérités éternelles connues de tout temps. En effet, la théologie déclare que la science doit être soumise à Dieu ; elle ne peut se placer au-dessus de lui sans devenir idole, ou faux dieu ! À ce discours théologique, les scientifiques agnostiques répondent en disant que les vérités de type spirituel ne sont que des déductions de démarches mystiques, de présupposés religieux sans souci de vérifications rationnelles.

Retour à la case départ ! Même si la science n'explique pas tout.

Lorsque les explorateurs modernes analysent des éléments dans tel ou tel coin du globe, lorsqu'ils observent telle ou telle manifestation (ou résultante) de la nature, ils ne font que soulever des problèmes. Les questions insolubles (pour l'heure) sont très nombreuses : au pied de l'Himalaya, au nord de l'Inde, il y a des moraines (débris de roches entraînés par un glacier) qui ne proviennent pas des montagnes proches mais du sud du pays. Quelle est l'explication ? Des spécialistes sont capables de dire que la Tamise était un affluent du Rhin. Quelle est la cause de l'effondrement des terres qui ont formé la mer du Nord ? La dérive des continents est-elle la seule explication ? Les Andes et l'Himalaya ont plusieurs points communs outre le fait qu'ils sont tous deux les plus haut massifs montagneux du globe. Or, ces massifs sont pratiquement à l'opposé géographique l'un de l'autre. Cette séparation des deux « frères » est inexplicable.

Il est évident qu'un bouleversement sans précédent est venu perturber la Terre, à un moment donné, faisant disparaître notamment les animaux dits préhistoriques, et ce quasiment du jour au lendemain. En effet, certains mammouths retrouvés dans des glaces polaires avaient encore de la nourriture subtropicale en bouche. Comment et par quoi ont-ils été surpris ? Une glaciation ne peut se produire en quelques heures, n'en déplaise au scénariste du film *Le jour d'après*. Et si une météorite colossale était venue percuter la planète pour la faire osciller sur son axe, où est l'impact ?

On pourrait multiplier pendant des milliers de pages les exemples de faits inexpliqués.

Prenons un exemple encore très frais dans notre mémoire : le tsunami qui endeuilla le monde entier au lendemain de Noël 2004, quelle en est la lecture ?

Certains phénomènes naturels peuvent changer sensiblement les cartes de géographie : ce tsunami de décembre 2004 qui s'est produit au large des côtes nord de l'île de Sumatra, région propice aux tremblements de terre extrêmement violents, a provoqué la mort de près de 290 000 personnes dans toute l'Asie du Sud-Est.

Après coup, les explications et analyses ont été nombreuses : le séisme s'est produit sur une frontière de plaques. L'Indonésie est en effet prise en étau. Sumatra se situe à la frontière de deux plaques tectoniques, l'indo-australienne au sud et l'eurasienne au nord. Les séismes les plus importants se produisent toujours aux frontières de pareilles plaques. Dans cette région de Sumatra, la plaque indo-australienne s'est enfoncée sous l'eurasienne, provoquant un mouvement de collision. Lorsque la croûte terrestre n'est plus capable de résister à cette pression, elle rompt le long des failles. Lors de ce séisme, la faille mesurait de 250 à 300 kilomètres.

Circonstance aggravante, la tension s'est produite en mer. Le tremblement de terre a décalé deux blocs de plancher sous-marin, provoquant un raz-de-marée ou « tsunami » de même ampleur. Quand l'écorce terrestre se déplace au fond de l'océan, elle cause une vague géante à la surface dont la vitesse peut atteindre 800 km/h – une vitesse comparable à celle d'un avion qui traverse l'océan.

Ce raz-de-marée, qui s'est abattu sur l'Asie du Sud-Est, a été ressenti dans une grande partie du monde. Les îles Maldives, situées à plus de 2 000 km de l'épicentre ont été touchées, tout comme la Malaisie. Cette onde marine a eu également des répercussions jusqu'en Afrique de l'Est, le long de l'océan Indien. Des pêcheurs ont été portés disparus en Somalie et d'autres se sont noyés au Kenya. Jusqu'à l'île de la Réunion, à 7 000 km de l'épicentre, des témoins ont vu d'importantes vagues arriver sur les plages et quelques bateaux de pêche ont été endommagés…

Un communiqué déclare : « Peu après le séisme, dont l'épicentre se situe à proximité de l'archipel Indonésien, un tsunami déferle sur Sumatra. Des vagues de près de dix mètres de haut atteignent la province d'Aceh, région la plus touchée par la catastrophe, où la puissance du phénomène ira jusqu'à déplacer des îles.

Tous les pays du golfe du Bengale, notamment le Sri Lanka, l'Inde, la Thaïlande, la Birmanie, la Malaisie, les Maldives et le Bangladesh, seront également dévastés par le tsunami meurtrier. Les vagues géantes se répercuteront jusque sur les côtes africaines, en Somalie, en Tanzanie et au Kenya... »

Ainsi, des îles se sont effondrées en mer, d'autres se sont déplacées. Il semblerait même que le pôle Sud ait dérivé de plusieurs degrés.

Cet exemple récent, que nos connaissances permettent de bien comprendre, semble très explicable. Mais pareille catastrophe, au temps de Josué ou de Moïse, relatée avec les mots et le savoir de l'époque, serait peut-être totalement contestée par nos scientifiques d'aujourd'hui !

Si une catastrophe comme le tsunami de 2004 peut rayer de la carte des îles, des villes et des villages, elle peut aussi faire ressurgir le passé, à la grande joie des archéologues qui découvrent souvent ce qu'ils ne connaissaient pas, ou qu'ils contestaient. C'est ainsi que le raz-de-marée du 26 décembre 2004 a mis au jour des vestiges d'un ancien empire du sud de l'Inde qui étaient restés enfouis dans le sable pendant des siècles. Deux superbes lions de granit et un bouddha de bronze figurent parmi les principales découvertes faites après le déferlement du tsunami. Parmi les trésors découverts à Mahabalipuram, on trouve les restes d'une maison de pierre et un éléphant à moitié sculpté dans le roc. Ces objets ont été mis au jour par les vagues qui se sont retirées de la plage en emmenant d'énormes quantités de sable.

Une nouvelle fenêtre

Si nous revenons à notre double affaire : le soleil qui s'arrête dans sa course sur l'injonction de Josué, et l'ombre qui recule à la demande d'Ézéchias, nous ne pouvons pas dire que nous avons beaucoup avancé dans notre enquête. Sauf pour dire que rien n'est réellement dit. Les chrétiens qui tiennent à ce que chaque verset de la Bible soit historiquement vérifiable resteront en contradiction avec les scientifiques qui ne peuvent envisager un tel phénomène.

Faut-il chercher, entre les lignes, un sens caché, un symbole, voire une psychanalyse dans le texte biblique qui parle d'événements exceptionnels, et d'autant plus incompréhensibles ?

Nous pourrions redire ici ce qui a été dit dans le chapitre précédent quant à la façon dont les premiers lecteurs (juifs) de l'Ancien Testament ont été capables de tirer de l'histoire une compréhension des miracles. Mais ici, nous voudrions ouvrir une nouvelle fenêtre qui, naturellement, ne fait qu'augmenter le champ des énigmes et des mystères liés au texte biblique.

Cette fenêtre, nous l'avons déjà entrouverte, mais osons l'ouvrir un peu plus grand, afin de découvrir un horizon nouveau.

Nous l'écrivions déjà : la tradition juive a développé, parallèlement à la lecture première des textes de la Torah, une manière très libre de lire et d'expliquer l'Ancien Testament : le midrash. Cette lecture est spécifique des juifs, or les chrétiens, qui lisent l'Ancien et le Nouveau Testament en tentant d'expliquer l'un par l'autre, et réciproquement, ne sont pas experts dans la lecture juive des textes anciens. Par ailleurs, si les chrétiens sont des spécialistes du Nouveau Testament, les juifs qui ne reconnaissent pas en Jésus le Messie, ont aussi du mal à lire ces textes. La lecture de la Bible devrait être foncièrement judéo-chrétienne et ainsi des pistes originales s'ouvriraient pour chacun. C'est en tout cas l'idée-force de Maurice Mergui qui lit les Évangiles dans la perspective des midrashim (exégèses juives). Il propose de lire le Nouveau Testament par le prisme midrashique et cette audace peut ouvrir des perspectives de lectures surprenantes, notamment pour le texte de Josué 10.

Josué et Jésus : les deux prénoms sont identiques, en hébreu : Joshua. Josué a conduit le peuple dans son installation en terre de Canaan, la Terre promise depuis l'Égypte. Le Josué du Nouveau Testament, Jésus, conduit le « nouveau » peuple de Dieu sur une Terre promise tout aussi nouvelle.

Pour saisir les parallèles, il faut encore avoir recours à l'hébreu, langue dans laquelle le livre de Josué est écrit. Et l'expression traduite par : le soleil s'arrêta (*va-ta'amod ha-Hama*) peut également être traduite par : *la belle-mère se leva.*

Naturellement, aucun rapport entre les deux expressions et c'est le contexte qui permet aux traducteurs de s'en sortir, plus ou moins avec justesse.

Ce qui est clair, c'est que le mot *ta'amod* veut autant dire *se lever* que *rester immobile.* Dès lors, le soleil se lève ou reste immobile ! La belle-mère se lève ou reste couchée !

Maurice Mergui rapproche alors le texte de Josué avec une

guérison signalée dans trois évangiles. Pour simplifier, nous citons l'Évangile de Marc : «*En sortant de la synagogue, ils se rendirent, avec Jacques et Jean, chez Simon-Pierre et André. La belle mère de Simon-Pierre était alitée, elle avait de la fièvre ; aussitôt on lui parla d'elle. Jésus s'approcha et la fit se lever en lui saisissant la main ; la fièvre la quitta aussitôt, et elle se mit à les servir.* » (Marc 1, 30)

La belle-mère se lève, comme le soleil s'immobilise. Et juste après cette guérison, le texte évangélique signale que… le soleil se couche !

Pour rendre les choses de moins en moins claires, le soleil qui se couche, littéralement *qui cesse*, c'est aussi le soleil *qui arrive*. Or, dans le langage prophétique de l'Ancien Testament, le soleil qui arrive est une expression signalant la venue de l'envoyé de Dieu, le Messie (pour les chrétiens Jésus/Josué/ Joshua). Et ce Messie à venir, le prophète Malachie lui donne un nom très original : *soleil de justice.* « *Pour vous qui craignez mon nom se lèvera le soleil de justice, et la guérison sera sous ses ailes ; vous sortirez et vous sauterez comme les veaux à l'engrais.* » (Malachie 4, 2)

Jésus/Josué, soleil de justice fait lever la belle-mère (le soleil s'immobilise) qui, guérie, sert Jésus/Josué. C'est simple, non !

Il faut revenir à Galilée : *Pourtant, elle tourne.* Oui, c'est la Terre qui tourne autour du Soleil et non le contraire. Si le Soleil donne l'impression de s'être arrêté, ce n'est pas lui qui s'immobilise, mais selon nos connaissances scientifiques, la Terre ! L'expression de la Bible est donc impropre. Lorsqu'elle parle de la course du soleil, elle devrait plutôt parler de celle de la Terre autour du soleil (en un peu plus de 365 jours), voire de la rotation de la Terre sur elle-même (en vingt-quatre heures). En tout état de cause, le soleil semble immobile tandis que la Terre, son satellite, tourne autour.

Et le soleil de Josué n'est peut-être pas celui qui (encore une expression impropre) se lève à l'ouest et se couche à l'est. Il est peut-être le *soleil de justice*, l'envoyé de Dieu pour soutenir le combat de l'armée de Josué. Et le jour qui dure plus d'un jour, n'est peut-être pas un jour de vingt-quatre heures, mais ce que la Bible appelle le *Jour de l'Éternel*, jour décisif où Dieu manifeste sa puissance : par exemple vaincre un ennemi ou une fièvre !

Scientifiquement, l'ombre qui recule de dix degrés, correspondant aux dix marches de l'escalier d'Ahaz, est aussi invraisemblable que le soleil qui s'immobilise. On a pu dire que le déplacement miraculeux, magique ou extraordinaire de l'ombre ne voulait pas nécessairement dire que le soleil avait reculé, ou que la Terre revenait en arrière, à la façon de ce fantasme ancestral de « machine à remonter le temps », mais qu'il s'agissait simplement d'un phénomène extrêmement local, minuscule même puisque ne touchant que l'ombre sur les marches, sans rapport direct avec le soleil, ou un nuage passant devant ce soleil. Mais si le deuxième livre des Rois n'est pas très explicite, le livre du prophète Ésaïe, qui relate le même événement, avec d'autres mots, précise bien que le soleil était de la partie : « *Ésaïe dit au roi : "Le Seigneur va t'accorder un signe pour t'assurer qu'il réalisera ce qu'il a promis : sur l'escalier d'Ahaz qui était au soleil, l'ombre est descendue. Eh bien, le Seigneur va la faire remonter de dix marches ! "*

Effectivement le soleil revint sur les dix marches d'escalier que l'ombre avait recouvertes. » (Esaïe 38, 7)

Le mystère reste entier sur ce phénomène, sur ce signe accordé à un roi capricieux. Qu'il s'agisse dès lors d'une énigme insoluble, il n'y a pas l'ombre d'un doute !

CHAPITRE 11

Ne pas déranger les morts !

Saül est un roi décadent.
Depuis longtemps, son meilleur conseiller,
le prophète Samuel, est mort.
Alors qu'il est à la veille d'une guerre contre les Philistins,
Saül s'inquiète de l'avenir.
Il recherche une nécromancienne à qui il demande
de faire revenir Samuel
du séjour des morts afin de profiter encore de ses conseils.
Samuel apparaît et, très en colère,
reproche à Saül de l'avoir dérangé !
Dans la foulée, il lui annonce qu'il mourra le lendemain,
lui et tous les siens !
Et c'est ce qui se produisit !
(cf. 1 Samuel 28)

Même si nous sommes dans des sociétés avancées, intellectuellement affranchies des scories des croyances ancestrales, forgées et formatées par le rationalisme, le matérialisme et le gnosticisme, il faut bien constater que nous sommes aussi fascinés par les phénomènes étranges, occultes, paranormaux. C'est ainsi que les fantômes, les vampires, les revenants, les zombies, les djinns viennent frapper nos imaginations et troubler nos consciences.

Ce qui alimente particulièrement les croyances en ces êtres venus d'ailleurs, ce sont les maladies, les catastrophes et naturellement la mort.

Conjurer la mort

La mort fait peur. Elle nous rappelle notre vulnérabilité et l'aspect éphémère de la vie. Elle nous taraude aussi parce que nous ne savons pas ce qu'il y a « de l'autre côté ». Cet espace inconnu permet toutes les hypothèses, depuis le néant jusqu'à la félicité éternelle, en passant par la destruction, le purgatoire, le jugement et la récompense, entre autres.

La mort est paradoxalement angoissante à cause de la survie possible, surtout si les morts côtoient les vivants, viennent hanter leurs anciennes demeures, ou titillent ceux qui restent...

Des créatures fantomatiques semblent « vivre » à la frontière des mondes visible et invisible, tentant parfois de communiquer avec les vivants, essayant de les influencer d'une manière ou d'une autre, cherchant à se venger parfois ! Ces esprits peuvent avoir un caractère malfaisant, inquiétant, jetant des sortilèges et se jouant des humains paniqués.

Dans la plupart des religions, les morts sont respectés et honorés davantage parce qu'on a peur de les voir revenir que pour ce qu'ils ont pu faire durant leur vie. Les diverses cérémonies funéraires dans le monde témoignent d'un culte rendu aux défunts d'une part pour dédramatiser (faire son deuil), mais aussi pour se rendre l'esprit du mort favorable ; la préoccupation touche davantage les vivants et leur sérénité que le sort du mort proprement dit. Satisfaire l'esprit du mort (s'il existe) vaut bien quelques sacrifices rituels, même absurdes.

La Bible raconte une histoire époustouflante. Le roi Saül, face à un ennemi puissant et à l'imminence d'une guerre, cherche à savoir de quoi l'avenir sera fait. Il interroge Dieu, mais Dieu reste silencieux. Alors, il se tourne vers une nécromancienne (une spirite) pour évoquer l'esprit d'un mort. La nécromancie est une pratique occulte durant laquelle l'évocation d'un défunt sert à une quête d'informations sur les choses à venir.

Cette anecdote est déroutante parce que d'une part, la nécromancie est formellement interdite par la loi de Dieu (*Torah*) et d'autre part, parce que Saül lui-même, en son temps, avait vigoureusement défendu toute pratique occulte dans le pays. De plus, la séance de spiritisme est une parfaite réussite. En effet, Saül veut pouvoir interroger Samuel, le prophète décédé depuis longtemps, or la nécromancienne parvient à le faire apparaître.

C'est dans le premier livre de Samuel (chapitre 28) que l'étonnant récit nous est proposé. Il commence par un rappel : Samuel est bien mort depuis plusieurs années. Puis il se poursuit par un deuxième rappel : « *Saül avait interdit dans son royaume les pratiques consistant à évoquer et interroger les morts.* » Le narrateur biblique prépare ses lecteurs à rencontrer des paradoxes forts.

Parce qu'il doit combattre un ennemi plus important en nombre, le roi Saül interroge Dieu. Il s'attend à recevoir un message de sa part, et il l'espère avec force. Il est tellement paniqué à l'idée de partir au combat qu'il cherche l'appui divin. Mais depuis longtemps Dieu n'est plus de son côté. Le silence de Dieu lui est insupportable et il cherche d'autres voies, d'autres voix ! Il décide d'interroger son ancien prophète, mais comme Samuel est mort, il n'hésite pas à envisager de faire appel à la nécromancie (littéralement : mort et divination) pour le questionner. Cette requête est un déni flagrant de sa part, mais l'angoisse est trop forte... et puisque Dieu semble absent !

Lorsque le roi demande à ses serviteurs s'ils connaissent une personne capable de «faire monter un mort», ces derniers n'hésitent pas un instant et lui communiquent une adresse. Même si Dieu interdisait à son peuple ce type d'occultisme, et même si Saül en personne avait rappelé ce commandement, la pratique continuait clandestinement et allègrement.

Saül se déguise pour se rendre chez la nécromancienne indiquée. Sans détour, il lui demande : « *Pratique pour moi la divination* ». Nous retrouvons ici le «serpentinage» des premiers chapitre de la Bible.

La femme, méfiante à cause de l'interdit, rappelle à son mystérieux client qu'il faut braver les ordres royaux pour répondre à son attente. Qu'à cela ne tienne, répond l'homme déguisé « *Par la vie du Seigneur, je te promets de ne pas te faire subir d'ennuis.* » Ironie du texte, Saül jure par Dieu, le dieu qui ne lui répond plus ! On parlait bien de paradoxes !

Et surgit un revenant !

À la demande du visiteur nocturne, la femme « fait monter Samuel ». L'expression fait allusion à la tradition juive qui place les morts dans les abîmes de la terre nommés *shéol*. Dès que la nécromancienne reconnaît le revenant, elle comprend aussi que son client n'est autre que Saül, le roi. Et elle panique à son tour. Mais Saül la calme et lui demande de lui expliquer ce qu'elle voit. Cette question semble prouver que le revenant n'est visible que de la femme seule . *« Le roi lui dit : "Sois sans crainte ! Mais que vois-tu ? " La femme dit à Saül : "Je vois un être divin qui monte de la terre". Il lui dit : " Quelle apparence a-t-il ? " Elle répondit : " C'est un vieillard qui monte, et il est enveloppé d'un manteau. " Saül reconnut que c'était bien Samuel et il s'inclina, le visage contre terre et se prosterna. »*

L'expression de la femme qui parle d'*être divin* fait allusion à *Elohim*, Dieu lui-même. Dans le contexte, elle mentionne un être surnaturel. La description qu'elle en fait, à la demande de Saül, est assez précise pour éveiller le souvenir du roi. En effet, la dernière fois que Saül a vu Samuel vivant, c'était sous l'aspect d'un vieillard portant un grand manteau. Et un souvenir précis secoua assez Saül pour le jeter à terre. Voici ce qui se produisit lors de l'ultime rencontre entre les deux hommes :

« *Samuel dit à Saül :" Je ne reviendrai pas avec toi ; car tu as rejeté la parole de l'Éternel, et l'Éternel te rejette, afin que tu ne sois plus roi sur Israël." Comme Samuel se tournait pour s'en aller, Saül le saisit par le pan de son manteau qui se déchira. Samuel lui dit : "L'Éternel déchire aujourd'hui la royauté d'Israël pour te l'ôter, et il la donne à l'un de tes proches, qui est meilleur que toi. "*» (II Samuel 15, 26-28)

Tandis qu'il est chez la nécromancienne, prostré plus que prosterné à terre, Saül entend Samuel le revenant qui manifeste une certaine colère :

« *Samuel dit à Saül : "Pourquoi m'as-tu troublé en me faisant monter ? " Saül répondit : "Je suis dans une grande détresse : les Philistins me font la guerre, et Dieu s'est écarté de moi ; il ne m'a répondu ni par l'intermédiaire des prophètes ni par des songes, et je t'ai appelé pour que tu me fasses connaître ce que je dois faire. " Samuel dit : "Pourquoi donc me consultes-tu, puisque l'Éternel s'est écarté de toi et qu'il est devenu ton adversaire ? L'Éternel a pris ses dispositions comme il te l'a dit par mon intermédiaire ; l'Éternel a déchiré la royauté d'entre tes mains et l'a donnée à l'un de tes proches, à David. Puisque tu n'as pas écouté la voix de l'Éternel, l'Éternel t'inflige aujourd'hui ceci. Et même l'Éternel livrera Israël avec toi entre les mains des Philistins. Demain, toi et tes fils, vous serez avec moi, et l'Éternel livrera le camp d'Israël entre les mains des Philistins. "*» (II Samuel 28, 15-19)

Saül voulait savoir ; maintenant, il sait ! Et du coup, peut-être aurait-il préféré ne pas savoir !

Saül voulait connaître l'avenir et le revenant le lui dévoile. Or, le prophète-fantôme ne fait que confirmer ce qu'il avait déjà dit, plusieurs années plus tôt. Le message n'est pas nouveau ; l'échéance tout juste plus précise.

Et l'histoire est là pour confirmer qu'en effet, le lendemain, Israël est battu par les Philistins tandis que Saül et ses fils trouvent la mort dans la bataille.

Que la séance de spiritisme, techniquement parlant, ait parfaitement marché, voilà déjà un fait troublant, mais que cette séance mette en présence deux personnages bibliques de premier plan, voilà de quoi désarçonner complètement le lecteur du livre de Samuel.

D'une part la Bible interdit la divination et la nécromancie, et d'autre part Dieu semble permettre à un prophète mort de répondre à la requête d'un roi d'Israël, en revenant du *shéol* !

Esprits, vous êtes là !

Les interdits de Dieu sont très précis. Il est utile de revenir sur un des textes les plus explicites qui soit, sans concession aux pratiques occultes : « *Lorsque tu seras entré dans le pays que l'Éternel, ton Dieu, te donne, tu n'apprendras pas à imiter les pratiques horribles de ces nations-là. Qu'on ne trouve chez toi personne qui fasse passer son fils ou sa fille par le feu, personne qui se livre à la divination, qui tire des présages, qui ait recours à des techniques occultes ou à la sorcellerie, qui jette des sorts, personne qui consulte ceux qui évoquent les esprits ou prédisent l'avenir, personne qui interroge les morts. En effet, quiconque se livre à ces pratiques est en horreur à l'Éternel.* » (Deutéronome 18, 9-12)

En interdisant ces pratiques, indirectement la Bible dit que le monde invisible est bien rempli d'esprits plus ou moins mauvais. Anges, démons, fantômes, revenants… Voilà que la Bible leur accorde crédit.

Les anthropologues, les ethnologues, les historiens des religions attestent tous que la croyance en des esprits est très ancienne : l'animisme et le paganisme en sont remplis. Par ailleurs, les maladies donnent à ceux qui en sont atteints l'impression d'être possédés par des forces invisibles. De plus, les rêves, souvent peuplés d'êtres vivants et disparus, encouragent l'idée d'une existence de ces personnes sous forme d'esprits. Enfin, certains phénomènes difficilement explicables peuvent donner à penser que des personnes, des objets, voire des animaux et des plantes, sont possédés, téléguidés par des forces paranormales. Dès lors, le monde invisible se peuple d'esprits, de démons, de fantômes… Le fétichisme accorde un pouvoir magique à certains objets habités ; le totémisme envisage des animaux comme protecteurs, appartenant au clan des ancêtres ; le chamanisme soutient que le culte de la nature est nécessaire puisque des esprits l'animent. Même le mimétisme est une façon de reconnaître que l'on est « hanté » par quelqu'un !

Progressivement, les religions vont s'organiser, se structurer et embarquer les croyances populaires en les incorporant plus ou moins dans un polythéisme unificateur. Ensuite, le monothéisme considérera que tous les esprits sont l'émanation d'un seul et même Dieu. C'est ainsi que le dieu d'Israël devient *El Shaddaï*, Dieu tout-puissant, rassemblant en lui toutes les forces naturelles, surnaturelles et cosmiques.

C'est pour préserver cette croyance aboutie, en la foi

monothéiste, que la Bible (et donc Dieu lui-même) interdit toute autre croyance. Cependant, les monothéismes ne sont jamais parvenus à se désembourber de l'animisme viscéral des hommes, ni de toutes les croyances au paranormal qui s'apparentent autant à l'occultisme qu'aux superstitions.

Un des exemples assez étonnants de ces réminiscences se trouve dans les Évangiles. Les disciples de Jésus sont dans une barque, en train de traverser un lac. Et voilà que Jésus vient les rejoindre… en marchant sur l'eau. On peut comprendre la stupeur des disciples, même si Jésus les a habitués à des choses miraculeuses et extraordinaires, mais il est intéressant de noter leur réaction : « *En le voyant marcher sur la mer, les disciples furent affolés : "C'est un fantôme", disaient-ils, et, de peur, ils poussèrent des cris.* » (Matthieu 14, 26) Voilà Jésus rangé dans la catégorie des fantômes !

Les superstitions ont la vie dure. C'est sans doute pourquoi ces monothéismes (judaïsme, christianisme, islamisme) ne cherchent finalement pas à nier les esprits ; ils vont plutôt les exploiter et les amalgamer – à des fins pédagogiques – pour en faire des puissances parallèles, souvent incitatrices au mal, lesquelles sont à combattre pour déterminer où se situe la vraie foi. Leurs rôles sont acceptés, mais naturellement bridés, limités afin que la suprématie de Dieu soit reconnue.

On ne peut, scientifiquement, ni prouver l'existence des esprits, ni leur non-existence. La raison ne peut s'aventurer dans ce domaine sans perdre sa raison pure ; elle demeure donc inopérante et, à contre-cœur, elle fait référence à la foi qui peut être ancestrale (donc arriérée) ou enfantine (donc provisoire) ou du charbonnier (naïveté des crédules)…

Il faut reconnaître cependant que le psychanalyste qui parle du « sur-moi », lequel n'a pas d'existence objective mais d'incontestables effets, possède bien un pouvoir propre (il produit certains agissements, engendre des inhibitions, provoque des lapsus révélateurs…). Le « sur-moi » a un statut proche de celui de l'animisme. Par ailleurs, pour les philosophes, l'existence des esprits est envisageable puisque conceptuellement non contradictoire.

Mais alors, qui sont ces esprits possibles ? Des anges ? Des démons ? Des projections de soi-même ? Des constructions inconscientes ? La Bible parle de chacun de ces cas, et dans ce livre, nous en avons déjà soulevé plusieurs.

Dans les trois religions monothéistes, tout ce qui existe est créé par Dieu et Dieu est Esprit. La première ligne de la Bible le dit clairement : « *Au commencement Dieu créa le ciel et la terre. La terre était un tohu-bohu (chaos), elle était vide ; et l'esprit de Dieu planait au-dessus des eaux.* »

Dans la plupart des traditions religieuses, la réalité visible est née de l'Esprit divin, mais cette réalité n'est pas seulement matérielle ; il y a aussi des réalités invisibles, spirituelles, dont font partie les êtres signalés ici.

Les démons sont également présents dans les trois religions monothéistes, ainsi que dans toutes les autres. Ce sont des esprits négatifs, malveillants pour l'homme, désobéissant aux critères et lois des dieux. S'en affranchir, c'est être sauvé, libéré, atteindre le meilleur, le nirvana, la vie éternelle. Pour cela, les démons sont nécessaires comme le fruit défendu dans le jardin d'Éden.

Dans le jardin, il ne fallait pas toucher à ce fruit ; de même, tout ce qui est occultisme, divination, nécromancie, bien présents dans notre monde et au-delà, ne doivent pas être pratiqués.

Dans le Nouveau Testament, l'apôtre Paul écrit, dans une de ses lettres, la chose suivante : « *Non, ce n'est pas contre des êtres humains que nous devons lutter. Mais c'est contre des forces très puissantes qui ont autorité et pouvoir. Nous devons lutter contre les puissances qui dirigent le monde de la nuit, contre les esprits mauvais qui habitent entre le ciel et la terre.* » (Éphésiens 6,12) Voilà qui est clair !

Où sont les morts ?

Depuis que l'homme est mortel, il cherche à savoir ce qui se passe de l'autre côté. Toutes les théories possibles ont été avancées. Pour certains, après la mort, il n'y a rien que l'anéantissement dans la dissolution et le pourrissement du corps. Pour d'autres, il y a une vie après la vie. Toutes les religions s'engouffrent dans cette problématique et proposent des réponses plus ou moins évidentes. C'est alors bien la foi qui permet de saisir telle ou telle conception.

La Bible laisse entendre que les morts dorment jusqu'à un signal qui déclenchera une résurrection grandiose. Alors, il y aura un jugement et une séparation. D'un côté les bons, de l'autre les mauvais. Les bons seront dans la félicité éternelle (retour à la case départ : le jardin des voluptés) ; les mauvais jetés dans l'océan de feu éternel. En attendant ce grand événement, les morts sont dans l'abîme, le *shéol*, et ne doivent pas être dérangés.

À ce rapide et bien imparfait résumé, les religions chrétiennes ont ajouté des éléments selon telle ou telle interprétation. Ainsi le purgatoire qui permet un rattrapage. Si ce purgatoire a permis quelques pages superbes chez Dante, la Bible ne parle pas de sas où tout peut encore être joué.

La Bible ne parle pas davantage du pouvoir que pourraient avoir les morts sur les vivants. Ni du pouvoir que pourraient avoir les vivants sur les morts : l'origine de la prière pour les défunts n'est pas biblique !

Le résumé signalé plus haut quant à la situation des morts demeure imprécis et surtout contestable. En effet, certains textes bibliques semblent remettre en question l'endormissement jusqu'à une résurrection finale. Ainsi, lorsque Jésus est sur la croix, agonisant, et que l'un des deux brigands lui demande de se souvenir de lui lorsqu'il sera dans son royaume, Jésus lui répond aussitôt : « *En vérité, je te le dis, aujourd'hui tu seras avec moi dans le Paradis.* » (Luc 23, 43)

Cet *aujourd'hui* parle d'une imminence et non d'une longue attente. Alors, est-ce que les morts (croyants) vont directement au Paradis sans passer par la case *shéol* ? Pour certains théologiens, le propos de Jésus ne peut être contesté et donc dès la mort du corps, l'âme s'envole dans le Royaume de Dieu. Mais – parce qu'il y a toujours au moins un « mais » – comme le texte grec (langue du Nouveau Testament) n'a pas de ponctuation, il serait possible d'entendre la parole de Jésus ainsi : En vérité, *je te le dis aujourd'hui*, tu seras avec moi dans le Paradis. C'est aujourd'hui que la promesse est faite, ce qui ne veut pas dire que c'est aujourd'hui qu'elle s'accomplit !

Ce rappel des propos de Jésus sur la croix va nous permettre de découvrir un détail presque caché dans la terrible réponse de Samuel le revenant à Saül le paniqué. Ce qui va nous permettre de boucler la boucle. Petit rappel : Saül veut connaître son avenir et Samuel lui rappelle qu'il n'en a plus depuis que Dieu s'est retiré de lui, qu'il lui a ôté son pouvoir (ton royaume sera déchiré comme ce manteau), et qu'un autre règnera à sa place, lequel ne sera pas son fils (Samuel avait d'ailleurs, de son vivant, et clandestinement, signalé de façon précise que David serait le futur roi). Donc, explique brièvement le prophète-fantôme, demain tu vas être battu par les Philistins et toi et tes fils mourront !

L'information est terrifiante. Pourtant, on avait senti, chez Saül, une nouvelle humilité devant Dieu, une nouvelle démarche pieuse et repentante. Mais cette ultime conversion ne semble pas susciter l'attention de Dieu qui demeure silencieux à la prière du roi écrasé.

Or, à y regarder de plus près, la réponse de Samuel dévoile un deuxième point qui touche directement l'avenir de Saül. Retrouvons le texte : « *L'Éternel livrera avec toi Israël aux mains des Philistins ; demain, toi et tes fils, vous serez avec moi.* »

« *Demain vous serez avec moi* » ressemble fort à « *Aujourd'hui tu seras avec moi* »

La mort tragique du lendemain n'est pas, selon le propos de Samuel, la fin de tout. Au-delà de la mort, il y a autre chose : « Être avec moi ! » Et cet autre avenir semble promis à Saül et à ses fils. Sur la croix, le brigand a reçu le pardon et l'assurance d'être auprès du Christ, Fils de Dieu ; il est possible que Saül ait bénéficié du même pardon, *in extremis.*

Cette fois, c'est le pardon de Dieu qui devient énigmatique.

CHAPITRE 12

Bethsabée était-elle une intrigante ?

Le roi David voit, depuis son palais, les jardins
de plusieurs demeures de la ville.
Et dans un de ces jardins, une très jolie femme est nue,
faisant sa toilette.
David est fasciné par cette beauté
et il va faire de cette femme, Bethsabée, sa maîtresse
avant de devoir l'épouser alors qu'elle est enceinte de lui,
et après avoir fait disparaître son mari.
Plus tard, tandis que David a déjà plusieurs enfants
qui pourraient lui succéder,
Bethsabée n'aura de cesse que ce soit le sien qui monte sur le trône,
harcelant David jusque sur son lit de mort.
(cf. 2 Samuel 11)

La Bible ne raconte pas que des histoires où le cosmos est en vedette, où l'occultisme est dénoncé, où les catastrophes servent de pédagogie, où les clefs théologiques, psychanalytiques ou numériques sont nécessaires. Elle raconte aussi des histoires de familles, de tribus, et même des histoires d'amour qui, comme toutes les histoires d'amour, sont rarement simples.

Pour changer de registre et montrer, si cela est nécessaire, que l'Ancien Testament est aussi le lieu de saga rocambolesque, nous allons nous arrêter sur un épisode emblématique de la vie amoureuse du grand roi David.

Les amants de Jérusalem

Même les non-initiés et les non-catéchisés ont entendu parler de l'histoire de David et Bethsabée. La relation foudroyante entre les deux amants n'est pas seulement une chronique amoureuse dans la longue série des tourtereaux célèbres, c'est aussi l'enchaînement redoutable de catastrophes et l'origine de plusieurs morts, dont un assassinat organisé. L'idylle a eu des répercussions sur le couple et sur la royauté de David durant de longues années, jusqu'à la terrible guerre de succession pendant laquelle les fils de David, issus de femmes différentes, se sont disputés âprement le pouvoir. Et comme c'est Salomon, le fils de Bethsabée, qui est monté sur le trône, imposé par Bethsabée elle-même à un David mourant, il est facile de se demander si, dès le premier regard, un certain scénario ne s'est pas dessiné dans la tête de la jolie femme. L'intrigue devient évidente et l'aventurière ambitieuse peut être dénoncée.

Toute l'aventure sentimentale et amoureuse entre ces deux êtres ressemble bien à une succession de manipulations scabreuses dont les secrets de palais s'alimentent, murmurés dans les allées du pouvoir avec délectation, sources de papiers sulfureux pour les journaux populaires. Mais les amants ne restent pas sujets de conversations chuchotées dans les cuisines, car le prophète de Dieu surgit soudain des coulisses pour faire éclater le scandale.

Tout commence par une belle soirée d'été. Le roi David est dans son palais et ne parvient pas à dormir. Il pourrait faire venir une de ses femmes, une de ses concubines, mais il préfère prendre l'air sur la terrasse. Il domine ainsi la ville qu'il peut contempler à loisir. N'est-ce pas la capitale qu'il a choisie et embellie ? Il repense peut-être à son parcours jusqu'à la royauté, aux guerres nombreuses qu'il a menées pour établir la sécurité à ses frontières… Maintenant, il règne en maître sur Israël tandis que ses armées gardent le pays. Or, voici ce qui va faire basculer sa vie : en contre-bas, dans une cour intérieure, une femme fait sa toilette. Elle est si belle que David la désire aussitôt et la fait demander. La femme, Bethsabée, est mariée et pourrait certainement rappeler ses devoirs au roi, car les lois qui régissent la vie et les mœurs d'Israël sont draconiennes. Mais elle accepte si facilement les propositions de David qu'on est en droit de se demander si elle n'avait pas prémédité le désir du roi ? Se laver nue à portée de regard de la terrasse de David, homme à femmes, n'était-ce pas de la provocation ?

La relation amoureuse des deux amants se poursuit plusieurs semaines, voire plusieurs mois. Personne ne semble s'offusquer de cette nouvelle aventure sentimentale, personne n'ose parler d'adultère. Être roi procure quelques privilèges ! Or un jour, Bethsabée annonce à David qu'elle attend un enfant de lui. Dès l'instant, il semble que l'idylle devienne un vrai problème. Avec l'enfant à venir, le scandale est proche, inévitable. Car Bethsabée est mariée, mais son mari est loin ; il est même dans l'armée du roi, en poste aux frontières. Et il l'est depuis assez longtemps pour que personne ne puisse penser qu'il est le père de l'enfant. Surtout pas lui ! C'est alors que David imagine un stratagème. Il va faire revenir Urie, l'époux trompé, sous un prétexte quelconque et, profitant de sa présence à Jérusalem, le mari devrait naturellement rejoindre son épouse, l'aimer et l'honorer avant de repartir au combat. Lorsque plus tard, il apprendra que sa femme est enceinte, il sera heureux de croire que c'est là le souvenir tangible de son passage dans la capitale. Le scénario est simple et pour David, le tour sera joué. Ou presque ! Presque parce que lorsque Urie, convoqué par le roi, a terminé l'entretien prétexte, il a un comportement imprévu. Au lieu de se rendre chez lui, à quelques centaines de mètres du palais, il préfère rester à la garnison. Le lendemain, le roi, informé et perplexe, le réinvite, le garde à manger et surtout le fait boire ; manifestement, il espère qu'ainsi le soldat ira enfin auprès de Bethsabée. Quand bien même rien ne se passerait ensuite, sexuellement parlant, Urie ne se souviendrait pas de ce qu'il a fait, ou pas fait ! Tout juste se remémorerait-il une sacrée gueule de bois !

Mais, décidément, Urie est un drôle de bonhomme puisqu'il reste en compagnie des gardes du palais (donc avec des personnes capables de témoigner), sans se rendre chez lui.

Dès lors, David décide de se débarrasser de cet homme afin qu'il ne puisse jamais contester la paternité qu'il a essayé, désespérément, de lui faire endosser.

Organisation d'un assassinat

David rédige un ordre que Urie lui-même devra remettre à son supérieur, Joab. Voici les termes exacts, méprisables, infâmes et lâches de cette missive : « *Placez Urie à la pointe du combat le plus violent et retirez-vous derrière lui, afin qu'il soit frappé et qu'il meure.* » (II Samuel 11, 15)

Sans état d'âme, Joab va exécuter l'ordre royal et, par voie de conséquence, exécuter aussi Urie. Car il s'agit bien d'une exécution pure et simple.

Le lecteur de la Bible qui sait que David a été un grand roi, sait aussi qu'il a été un homme d'une profonde spiritualité, auteur présumé d'une grande quantité de poèmes et de cantiques rassemblés dans le livre des Psaumes. Or, comment un homme aussi pieux, aussi exalté dans sa foi, peut-il organiser sciemment, méticuleusement, minutieusement, mensonges et assassinat ? Et, dans la logique biblique, comment Dieu peut-il laisser faire ?

À cette dernière question, nous verrons que le prophète Nathan, jusque-là silencieux, va répondre à sa manière, déboulant dans le palais pour fustiger et menacer le roi soudain penaud. Mais il nous faut aussi répondre à la question du « Comment en arrive-t-on à faire des choses aussi effrayantes que d'envoyer un innocent à la mort ?», avec pour simple argument qu'il dérange, ou pour cacher un forfait dont il est la victime indirecte ?

On peut simplement répondre en disant que le cœur de l'homme est assez tortueux pour mettre en scène le pire lorsqu'il cherche à défendre ses intérêts et sa réputation ; la réponse serait presque satisfaisante. Mais il y a un point, dans le passé de David, qui est peut-être la vraie réponse et l'origine du complot machiavélique. En effet, l'énigme comportementale du moment est l'écho d'une menace dont David a été lui-même victime, quelques dizaines d'années plus tôt.

David n'était encore qu'un bel et vigoureux jeune homme lorsqu'il a rencontré Saül, le roi de l'époque. Saül était le tout premier roi d'Israël et combattait des ennemis redoutables, les Philistins. Les Philistins avaient un champion et ce dernier avait proposé un duel avec le meilleur guerrier d'Israël. Le vainqueur serait alors le vainqueur sur l'ensemble de l'armée adverse. Or, le champion philistin n'est autre que le fameux géant Goliath. Personne n'ose répondre au défi lancé par ce monstrueux guerrier. Personne sauf David qui, grâce à sa fronde, terrasse le géant.

C'est une belle victoire et le vainqueur a normalement droit aux cadeaux que le roi Saül avait promis à qui défierait et battrait Goliath. Mais le roi ne s'attendait certainement pas à l'immense popularité que suscite le haut fait de David. Certes, celui qui jusque-là n'était qu'un jeune berger, a remporté une magnifique victoire et donné à Israël un titre de gloire sans précédent, mais le peuple (et surtout les femmes), en acclamant David, manifeste aussi son mépris à l'égard du roi qui n'avait pas osé relever le défi, tout roi qu'il était. Car le texte biblique dit bien que l'armée et son chef avaient peur des Philistins, et surtout de Goliath.

Saül comprend très vite que sa popularité s'effondre, que son pouvoir pourrait bien basculer au profit de David.

Lorsque David réclame ses récompenses, parmi lesquelles il y avait la propre fille du roi, Saül mesure encore mieux le risque pour son trône : faire de David son gendre, c'est l'introduire dans les allées du pouvoir et susciter en lui une ambition dont la lignée de Saül risque de pâtir.

David devient l'homme le plus apprécié du pays. Dès que le roi lui donne le commandement de ses troupes, il remporte victoire sur victoire et il revient de ses combats toujours plus acclamé par la foule. C'est alors que Saül décide de se débarrasser de l'homme qui lui fait de l'ombre. Mais le roi ne peut se permettre de lever la main sur David, et il pense que les Philistins pourraient très bien s'en charger. Saül propose à David de devenir son gendre, mais David ne s'en sent pas digne. Le roi lui dit alors que pour être digne de l'honneur d'épouser sa fille, il faut accomplir un nouvel exploit, et il demande « cent prépuces de Philistins ». Cette étrange dot nous semble déroutante, scabreuse et même révoltante. De fait, dans l'Antiquité, il était courant, dans certaines tribus, de couper les organes génitaux des ennemis tués. Cette mutilation était bien plus humiliante que le scalp des indiens. Lorsque Saül demande cent prépuces de Philistins (certainement et plus logiquement s'agit-il des parties viriles), c'est aussi pour humilier le peuple incirconcis. En effet, dans la

Bible, les païens ou les idolâtres sont parfois traités d'incirconcis, ce qui est une injure très grave.

Quoi qu'il en soit, le calcul de Saül était que David ne revienne pas de cette mission impossible et qu'il perde la vie dans cette folle récolte. Et David accepte le défi.

Or David revient avec « deux cents prépuces de Philistins ». Il faut dire qu'il n'était pas parti seul à la collecte, et que ses soldats étaient enrolés, eux aussi. Saül fait contre mauvaise fortune bon cœur et permet à David d'épouser Mikal, l'une de ses filles.

À plusieurs reprises ensuite, Saül tentera lui-même de tuer David, mais ce dernier a une chance insolente : il s'en sort à chaque fois. Il faut préciser que David avait le soutien de l'armée, l'amitié de Jonathan, fils de Saül, et l'amour de Mikal. On part parfois moins bien armé dans la vie !

Si le projet sordide de Saül n'a pas abouti, il est très probable qu'il a laissé des traces dans l'esprit du jeune David. Et même s'il a tenté d'oublier les intentions honteuses de son beau-père, elles se sont cachées dans les plis de sa mémoire et un jour, tout est remonté à la surface.

Lorsque, bien des années plus tard, David se trouve dans la position d'un roi qui a, dans son entourage, un personnage devenu gênant, il va retrouver en lui le souvenir d'une expérience dont il a été victime. Il va réutiliser la vieille recette de Saül, mais en l'améliorant. En effet, Saül, pour l'éliminer, l'avait envoyé au suicide dans un combat perdu d'avance, mais comme David en était revenu (grâce à ses soldats), ce dernier prévoit de laisser Urie seul face à l'adversaire. D'où le détail qui tue : « *Vous l'abandonnerez sur place* ».

Il est possible que, jeune homme partant à la cueillette des cent prépuces, David ait maugréé contre Saül qui croyait l'envoyer à la rencontre de sa propre mort. Mais comme les enfants battus deviennent des parents qui battent, David va reproduire ce dont il a été victime. Il le fait de façon quasi inconsciente puisque, lorsque le prophète Nathan arrive et lui reproche cette action, David semble brusquement ouvrir les yeux pour découvrir son forfait. Mais il est trop tard.

Voilà comment un admirable adorateur de Dieu peut se laisser aller à des actions répréhensibles et insupportables ! David aurait eu besoin d'un psy !

La guerre de succession

L'enfant que Bethsabée porte meurt une dizaine de jours après sa naissance. David a très bien compris que sa liaison adultère avec Bethsabée était une erreur fatale, et que la mort d'Urie ne lui serait jamais pardonnée. Grâce à son repentir, David sauve sa couronne et même la dynastie royale que le prophète Nathan menaçait au nom de Dieu. Plusieurs sanctions s'abattent pourtant sur David : il y a premièrement la mort de l'enfant ; puis il y a un refus douloureux pour lui. En effet, David espérait pouvoir construire un nouveau temple pour Dieu à Jérusalem qui n'en avait pas, mais le prophète lui déclare : *« Tu as les mains pleines du sang innocent (celui d'Urie), et à cause de cela, Dieu n'accepte pas que tu lui construises son temple »*. C'est la deuxième sanction.

De David et Bethsabée va naître un autre enfant qui portera le nom de Salomon. C'est lui qui régnera à la suite de David, mais ce n'est pas vraiment ce qui devait arriver, à priori. En effet, David a eu, avant Salomon, de nombreux enfants de femmes différentes et ils sont donc « prioritaires » pour accéder au trône. Or, ces enfants vont avoir des vies tumultueuses.

L'un des prétendants au trône, Absalom, va donner pas mal de fil à retordre à David.

Absalom avait une sœur, Tamar, et un demi-frère Amnon. Or, Amnon est tombé follement amoureux de Tamar, sa demi-sœur. Dévoré par cet amour, à en devenir malade, il a prétendu être très mal et a demandé que Tamar vienne le soigner. C'est ainsi que Tamar s'est occupée de son demi-frère Amnon sans se douter de ce qui animait le garçon. N'y tenant plus, Amnon a finalement violé Tamar. Son acte accompli, il s'est mis à détester celle dont il avait abusé ! Tamar, doublement humiliée, s'est cachée et a tenté de garder le secret sur cet acte abominable. Mais Absalom, frère de Tamar, a deviné ce qui s'était passé et a confié à sa sœur qu'il finirait par la venger.

Deux ans plus tard, Absalom organise une fête chez lui et y invite ses demi-frères. Ce n'est qu'un prétexte pour avoir Amnon sous la main. Ce dernier est loin de penser qu'Absalom prémédite un mauvais coup. Alors que la soirée est avancée et que la plupart des convives sont quasiment ivres, Absalom fait tuer son demi-frère, vengeant ainsi l'honneur de Tamar, sa sœur. Outre qu'il accomplit ainsi la promesse faite à Tamar, Absalom tue l'aîné des fils de David, donc le premier prétendant au trône.

Un peu plus de cinq ans plus tard, après avoir été banni de la cour du roi, à cause de l'assassinat de Amnon, Absalom décide de se saisir du pouvoir. David, son père, s'affaiblit de plus en plus et il est temps qu'un homme à poigne dirige le pays. Absalom pense être celui-là et entre en campagne, discrètement. Il cherche des appuis, travaille à sa popularité et finalement se fait consacrer roi à Hébron, ville cultuelle importante pour Israël (un peu comme Reims pour les rois de France).

Dans un premier temps, David recule devant Absalom. Il quitte même Jérusalem dans laquelle Absalom entre, triomphant. Mais les fidèles de David l'encouragent à se ressaisir, à ne pas fléchir sous la trahison filiale, à reprendre du poil de la bête, et par la même occasion le trône. C'est ce qui s'organise et Absalom est alors obligé de fuir devant l'armée reconstituée de David. Dans sa fuite (sur un mulet), Absalom s'engage dans une forêt et ses cheveux s'emmêlent dans les branches d'un arbre. Voici comment la Bible relate la fin peu glorieuse de celui qui faillit succéder à David : « *À un certain moment, Absalom, monté sur un mulet, se trouva face à des soldats de David. Le mulet s'engagea sous les branches enchevêtrées d'un grand arbre. La tête d'Absalom se prit dans les branches et, le mulet continuant sa route, Absalom resta suspendu entre ciel et terre.*

Un soldat de David le vit et alla dire à Joab (chef de l'armée de David) : " J'ai vu Absalom, pris dans les branches d'un arbre. - Comment, dit Joab, tu l'as vu ? Pourquoi ne l'as-tu pas frappé et abattu sur place ? Je t'aurais donné dix pièces d'argent et une ceinture ! " Mais le soldat répondit à Joab : " Même si tu m'offrais mille pièces d'argent, je refuserais de faire du mal au fils du roi. Nous avons tous entendu le roi vous dire, à toi, à Abichaï et à Ittaï : Veillez à ce que personne ne fasse du mal au jeune Absalom. Si je l'avais tué, prétendant n'avoir rien entendu, le roi aurait fini par découvrir mon mensonge - car il découvre tout - et toi-même, alors, tu te serais bien gardé de prendre ma défense". Joab s'écria : "Je ne vais pas perdre mon temps avec toi ! " Il prit trois bâtons pointus et alla les planter dans le cœur d'Absalom qui, pris dans l'arbre, était encore vivant. » (II Samuel 18)

Bethsabée triomphe

Amnon est mort ! Absalom est mort ! Entre ces deux hommes, un autre fils de David s'intercale, Kiléab, mais outre l'annonce de sa naissance, aucun autre texte de la Bible n'en parle. Il semble s'être perdu dans le décor. En tout cas, il ne fait pas partie des fils qui ont cherché à monter sur le trône. Le quatrième fils de David, Adonias, va à son tour intriguer pour faire chavirer le vieux David. Il se fait proclamer roi dans une ville de province, en présence de ses frères cadets, mais sans avoir invité à la cérémonie Salomon, fils de Bethsabée. Adonias, que la Bible dit être très beau (Adonis ?), savait que Salomon était proche du prophète Nathan et que Nathan ne le soutenait pas dans sa tentative de prise de pouvoir.

Non seulement Nathan était proche de Salomon, mais il avait été son tuteur et son maître durant toute son enfance. Dès que Nathan a été informé de l'action d'Adonias, il s'est empressé d'en parler à Bethsabée et tous deux ont décidé de prévenir le roi David, avec l'intention formelle de le pousser à déclarer publiquement le nom de l'héritier légitime.

Nathan, qui avait élevé Salomon, et Bethsabée sa mère, ont mit au point un stratagème pour forcer la main de David, lequel vieux et affaibli, était alité sans connaître les tumultes autour de sa succession. Ils sont montés tous deux, successivement, à l'assaut de la chambre royale jusqu'à ce que David cède et déclare que son successeur officiel n'était pas Adonias mais Salomon. De façon solennelle, David dit à Bethsabée : « *C'est Salomon, ton fils, qui deviendra roi après moi, c'est lui qui s'assiéra sur mon trône à ma place !* » (I Rois 1, 30)

À la manière de dire « C'est *ton* fils... », on sent bien que David a compris la manœuvre de Bethsabée et si, comme le disait l'un des soldats de Joab, *le roi finit toujours par tout savoir,* peut-être qu'il connaissait l'intrigue, et l'intrigante, depuis longtemps. Mais il semble les avoir acceptées.

Bethsabée triomphe : ce que femme veut !

Salomon sera un très grand roi d'Israël. Sous aucun règne, Israël ne sera aussi étendu et puissant. Le choix était donc finalement le bon choix.

Cependant, une des toutes premières choses que Salomon a faites après la mort de son père et tandis qu'il montait sur le trône, a été de supprimer Adonias !

CHAPITRE 13

Que se cache-t-il derrière les chiffres bibliques ?

Première partie.
Le 3 serait le chiffre de Dieu ; le 4 celui du monde créé.
L'association Dieu + création donne le chiffre 7, symbole de la perfection que l'on retrouve avec les sept jours de la création.
Le 6 est le chiffre de l'homme, mais le triple 6, l'imperfection absolue (666, associé à Satan)
Le 12 (3 x 4 ou 2 x 6) est une autre perfection que l'on retrouve avec les douze tribus d'Israël et les douze disciples.
La Bible aime aussi le 42, le 1000, le 144 000…
Quel est ce langage ? Est-ce un code ?

En nous arrêtant sur divers textes bibliques et sur les décryptages possibles de ces textes, nous avons montré que la Bible se prêtait volontiers à diverses approches, et que les lunettes pour la lire pouvaient être nombreuses : simple lecture textuelle, perception fondamentaliste, explications empreintes de diverses théologies, approches mythiques et symboliques, décodages psychanalytiques, interprétations analogiques ou allégoriques… Or, une des particularités de la Bible, c'est qu'un même texte n'est lisible et compréhensible qu'en conjuguant plusieurs lectures. La Bible est vraiment un livre particulier, d'autant que toutes les lectures imaginables n'épuisent pas ses richesses : c'est une mine d'or sans épuisement possible.

Depuis plusieurs décennies, les lecteurs et spécialistes de la Bible insistent beaucoup sur la *contextualisation* ; il s'agit de comprendre un récit biblique en le situant bien dans son époque et dans les connaissances de cette époque, et ce pour éviter une lecture déconnectée de la réalité des personnes dont on lit l'histoire.

Les récits fondateurs, par exemple, avaient un sens précis pour les lecteurs de l'Ancien Testament, à une époque reculée de l'Histoire. Pour eux, la symbolique étant une donnée intrinsèque à leur culture, ils étaient capables de lire le sens de ces symboles en même temps qu'ils recevaient le texte comme narratif et historique. Puis les générations ont passé et certaines perceptions se sont perdues, notamment au profit de nouveaux modes de pensées avec le rouleau compresseur que représente la philosophie grecque. Cette philosophie a chassé tous les modes de pensées qui l'avaient précédée, et c'est ainsi que l'analyse des textes « archaïques » est faite avec de nouvelles lunettes qui n'étaient pas celles avec lesquelles on devait les lire !

Rien de nouveau !

C'est dire la difficulté que nous avons aujourd'hui à jongler avec les diverses lectures, et surtout à accepter que chaque lecture puisse n'être qu'une piste, et non la seule clé acceptable et suffisante.

Une lecture essentiellement fondamentaliste se heurterait inévitablement à certaines incohérences, tout comme une lecture qui ne serait qu'allégorique ou symbolique.

De plus, chaque époque, voire chaque génération ou chaque culture, a ses propres références temporaires, et chaque personne située dans un espace temporel et géographique précis aura tendance à tout réduire à son idéologie du moment. Quand, durant le XXe siècle, certains ont voulu tout faire passer par le canal du communisme, ou celui du nazisme, du maoïsme ou du capitalisme, on a pu voir les limites, les dangers et les faillites de tels systèmes.

Dans la culture ancienne, sans doute improprement nommée « archaïque », les références internes étaient spécifiques, largement partagées. Ainsi, les opposés (bien/mal ; vie/mort...) y sont compris en termes de tension, de complémentarité et de dynamique. Dans nos sociétés empreintes de la philosophie grecque, ces mêmes opposés induisent des idées de choix et de partages binaires. Les grands auteurs d'antan, et notamment de l'Ancien Testament, parlent volontiers de liens entre le visible et l'invisible, ne les opposant pas vraiment ; sous leur plume, cela devient une dynamique essentielle animant toute chose et tout phénomène. Rien ne venait scinder ces domaines de connaissances.

Plus tard, on a brisé les liens jusqu'ici normaux et acceptés entre le visible et l'invisible, pour finalement induire l'idée de paranormal.

Hier, on pouvait facilement établir des passerelles entre le quotidien, les rêves, la nature, le cosmos, et même avec des dieux et des déesses : tout était appréhendé de façon identique. Aujourd'hui, le rationalisme a installé une étagère sur laquelle trônent des bocaux bien étiquetés, bien séparés, bien spécifiques.

Or, dans l'ambiance post-moderne, le New-Age et les synthèses des supermarché de croyances multiples ont tendance a revenir à des idées plus globalisantes. Ce ne sont pas seulement les séries télévisées qui aiment faire cohabiter, par exemple, les anges et les humains, les esprits et les vivants : nos contemporains sont fascinés et curieux, partant à la recherche d'horizons nouveaux qui sont peut-être simplement ceux d'hier ! Chassez le naturel…

« Rien de nouveau sous le soleil », disait à sa façon l'Écclésiaste, dans l'Ancien Testament.

Les chiffres avant les lettres

Au commencement, dit la Bible, était le verbe, le *logos*. Mais les sciences, et notamment la philosophie disent : avant le *logos*, il y avait le *mythos*. C'est pourquoi les textes très anciens sont souvent perçus comme des mythes et non comme des récits historiques. Et il est vrai que les formes littéraires les plus anciennes parlent volontiers de voyages légendaires, de parcours initiatiques, de héros fabuleux (de fables), de sagas symboliques mettant en scène des dieux et des demi-dieux, etc.

À noter que le XXe siècle a renoué avec le genre, depuis les *Chroniques de Narnia*, *Le Seigneur des Anneaux* ou même *Harry Potter* !

Mais la Bible, sans doute un peu avant la pensée grecque, sort du *mythos* en introduisant le *logos* tout en jouant avec les mémoires. C'est pourquoi les premiers chapitres de la Bible manient et conjuguent plusieurs genres dans un mélange original. Voilà qui est pour le moins dérangeant pour le rationaliste qui ne peut en même temps imaginer un serpent qui parle (c'est ridicule) et des principes de tentation, de libre-arbitre, de liberté (qui sont des pensées déjà élevées, voire autonomes).

La Bible joue donc de l'Histoire, des symboles, des traces archaïques, des intuitions et des révélations. Et peut-être même se joue-t-elle de nos prétentions à la cerner.

Quoi qu'il en soit, la Bible, qui multiplie les langages, propose dans la série des symboles évidents, celui des chiffres.

Avant l'écriture étaient les livres de comptes ; les chiffres ont précédé les lettres. Mais ils ont été plus qu'un langage commercial. Les chiffres sont des mystères parce qu'ils sont riches en eux-mêmes, mais aussi parce que les hommes ont cherché à leur donner des sens précis. Des chiffres aux nombres, les mystères s'épaississent, s'ajoutent, se multiplient, font des carrés (d'or ou pas) et donnent naissance alors à un nouveau dialecte, pour ne pas dire de nouveaux secrets.

Cette science des nombres, qui est capable d'engendrer

d'autres sphères plus ou moins scientifiques, depuis la numérologie jusqu'à la kabbale en passant par le tarot numérique, est très présente dans la Bible.

De fait, la symbolique numérique, dans la Bible, est bien plus vaste qu'il n'y paraît. Et c'est un sujet sur lequel tout et n'importe quoi peut être dit. C'est pourquoi nous allons avancer avec prudence, évitant de sombrer dans des interprétations farfelues, même si parfois elles sont séduisantes et déroutantes.

La question n'est pas simple et la démarche quelque peu étrangère à nos modes habituels de pensée. Or, si la Bible aime les chiffres, c'est qu'elle veut transmettre, communiquer, des choses qui ne passent pas par la lettre. Dans l'Ancien Testament, Job explique les manières utilisées par Dieu pour transmettre son message. Il introduit son propos en ces termes : « *Dieu parle cependant, tantôt d'une manière, tantôt d'une autre, et l'on n'y fait pas attention.* » (Job 33, 14)

Il est pourtant utile de porter attention au langage des chiffres et des nombres dans la Bible ; négliger une pareille piste, c'est se couper d'informations que les auteurs de la Bible ont pourtant cherché à donner aux générations futures dont nous sommes.

Or, pour entrer dans une lecture juste de ces chiffres et nombres, il faut entrer dans les anciennes méthodes de calcul (d'où la contextualisation à laquelle nous faisions allusion plus haut).

L'arithmétique, à son origine, est pleine de considérations religieuses, tout comme la médecine, d'ailleurs. Et l'arithmétique géométrique, dans laquelle les nombres sont des formes et les formes des nombres, n'échappe pas à cette empreinte religieuse. Pour les juifs, tout ce qui existe procède de Dieu, et le Dieu créateur est maître absolu de tout ce que le monde contient, mais aussi de tout ce qui régit le monde (visible et invisible), ainsi les lois physiques et scientifiques. Le divorce entre la foi et la science ne se fera que très tardivement, et de façon inégale selon les lieux et les cultures.

Si la Bible entame l'histoire du monde en évoquant le *logos*, la parole créatrice, le verbe initiateur, elle scande la création de chiffres : premier jour, deuxième jour, troisième jour, jusqu'au sixième. Dès lors, les jours de la création, en comptant le septième, sont numérotés et chaque chiffre aura un sens, une valeur, un symbole.

À cela, il faudra encore ajouter que chaque lettre prend une valeur numérique et qu'ainsi, au-delà des mots et des choix de mots, s'inscrit en parallèle, un autre message !

Un premier tableau

Il y a une espèce de consensus sur le sens à donner aux chiffres. Nous allons ici les récapituler, sachant que la symbolique biblique n'est pas toujours aussi explicite.

0 (zéro) : symbole du néant, du vide absolu, du chaos qui précède la mise en ordre. Pour certains, c'est l'image de l'œuf originel et fermé avec l'être indéterminé, voire le non-être.

1 : symbole de l'Être unique, du transcendant, du principe premier, du créateur. C'est le signe de l'unité, du départ, de la base. C'est le dieu créateur, le chef, le premier, le départ de la hiérarchie à venir et l'autorité incontestée. Symbole du début, de l'origine de tout et aboutissement.

2 : après l'essence de toutes choses représentée par le 1, le 2 est signe de la vie : dualité, paire, couple. Il est symbole de coupure, de séparation. L'humain mâle et femelle devient deux êtres différenciés et qui devront ne faire qu'un dans le couple géniteur. Mais en l'homme demeure la dualité, conséquence de la faute. Le 2 est aussi le signe de l'amour et de la quantité suffisante.

3 : associé au triangle, il marque la perfection et l'harmonie. Il rappelle des trinités multiples : ciel/terre/mer ; corps/âme/esprit ; passé/présent/futur. Dans la Bible, il est le signe fort de la trinité divine qui s'exprime par le Père, le Fils et le Saint-Esprit.

4 : il est le symbole de tout l'univers (4e jour de la création, l'espace et ce qui l'habite sont formés). Les quatre points cardinaux, ou les quatre vents donnent la dimension de l'étendue, mais aussi du carrefour, du choix. Il est, selon le contexte, le rythme parfait ou l'échec ! Il est aussi le symbole du stade humain dans sa dimension spirituelle.

5 : c'est un nombre qui marque l'harmonie et la perfection encore à atteindre. Il marque une plénitude en devenir (c'est la moitié de 10, étape importante et plus définitive).

6 : c'est le chiffre de l'homme parce qu'il apparaît le sixième jour. Mais c'est aussi le chiffre de l'imperfection parce qu'il est le résultat du 7 - 1 ! Mais il y a en lui l'espoir d'un devenir prometteur : il est signe de recommencement par sa forme spirale et parfois il indique la renaissance. Le 6 prend un autre sens lorsqu'il est triplé pour se présenter en 666 ; il marque alors la perfection de l'imperfection. Il devient alors terrifiant !

7 : chiffre de la perfection divine (le 7e jour, Dieu se repose de toute la création qui est très bonne !) C'est aussi l'association du 4 (humain) et le 3 (divin). Nombre du cycle accompli et du renouvellement positif, il marque la plénitude autant avec les 7 jours de la semaine que les 7 couleurs de l'arc-en-ciel, ou les 7 notes de musiques... Plus anecdotique : les 7 péchés capitaux selon l'Église catholique, les 7 merveilles du monde...ou les 7 nains de Blanche-Neige.

8 : il marque l'infini. En mathématique, il faut alors le coucher. C'est le recommencement après les 7 jours de la création. Il est associé, dans certaines cultures, à la prospérité.

9 : il serait le chiffre de la méditation et de l'épanouissement (3 x 3) ; peut-être aussi parce qu'il est le dernier nombre simple, il marque la finalisation.

10 : c'est une étape importante, mais qui indique une multitude limitée. Souvent, le 10 devient 1 000, voire 10 000 pour donner un sens plus universel, plus complet, plus infini.

12 : voilà le nombre qui marque l'idée de peuple ou d'universalité (12 tribus, 12 disciples...). Il est le rappel du rapport entre Dieu et les hommes (3 x 4).

La Genèse et Pythagore

Au commencement, les hommes ont compté à l'aide de cailloux. Ainsi cette amorce : un caillou devient un point, deux cailloux une ligne, trois cailloux un triangle et quatre un carré.

Avec le carré, on a presque fait le tour puisque le carré entre déjà dans un cercle parfait, encadre, cerne : on parle alors du nombre polygone. Or, 1 + 2 + 3 + 4 = 10 ; ainsi on arrive à la décimale des Grecs. Selon Pythagore, 4 est le nombre triangulaire de 10.

Au quatrième jour de la création, le monde est fait. Le 4 rappellera, avec les quatre points cardinaux, ce monde fini (auquel manque encore les espèces vivantes). Le 10 aura aussi son sens avec, notamment, les dix commandements qui permettent de gérer le monde et ceux qui l'habitent.

Cependant, si le 10 est la décimale des Grecs, il n'est pas la base de numération des juifs et de la culture sémite. En effet, pour ces derniers, la base est 60 (5 x 12) ; nous en reparlerons plus loin.

Les figures révélées par Pythagore (triangle, carré, pentagone, hexagone) sont aussi des figures dont parle volontiers la Bible.

Par ailleurs, les nombres, sauf s'ils sont premiers, appartiennent à des familles (les multiples, les carrés, les racines...). S'il y a famille, il y a lien : ce lien est le nombre *n* qui doit être ajouté au membre de la famille pour obtenir le nombre suivant de ladite famille. Le calcul du lien est un problème d'arithmétique vieux comme le monde des mathématiques puisqu'il s'agit de trouver l'élément logique de la suite des nombres.

Exemple : 3 – 6 – 9 – 12 –15 –18 – 21…

Cette suite est une famille ; le lien (3) à chaque fois ajouté au *n* précédent est appelé *gnomon.*

Prenons le 5, chiffre pentagonal. Symboliquement, c'est une étape importante, proche de la culmination. Pour les pythagoriciens, l'étoile à 5 branches était le signe des disciples ; pour la Bible, c'est l'apparition de la vie au cinquième jour de la création. La Bible débute avec le Pentateuque (les cinq livres qui constituent la Torah, les livres dits de Moïse) ; on parle volontiers des cinq rouleaux. Le livre des Psaumes est également constitué de cinq livrets.

Le 5 biblique est la marque d'une partie d'un tout (le tout étant 5 x 12).

Ce qui augmente considérablement la difficulté d'une lecture numérique de la Bible, c'est qu'il n'y a pas de système unique. Si les nombres ont un sens évident, et donc à découvrir, ils ne veulent pourtant pas toujours dire la même chose.

À l'aube du troisième jour

Nous l'avons déjà dit, le 3 est le chiffre de Dieu ; 3 comme le triangle dont chaque côté est une « personne » de la Trinité (ou tri-unité). Si nous prenons le triangle pour manifester l'élan humain vers Dieu, nous avons la base de la figure géométrique en bas. Ainsi est figurée toute l'humanité s'élevant vers les hauteurs divines. Mais nous avons aussi le triangle qui, pointé vers le bas, symbolise toute la puissance et tous les attributs de Dieu donnés à une seule personne, puisque Dieu s'occupe de chacun. Ces deux triangles, superposés pour conjuguer les deux réalités bibliques, forment alors l'étoile de David, symbole d'Israël.

Le 3 biblique est souvent un repère dans le temps pour signaler un point de rencontre particulier : le *troisième* jour. C'est alors le lieu d'une action spécifique, décisive et surtout empreinte de la présence du dieu de la Bible.

Le troisième jour est signalé lors de différents épisodes. Exemples : Joseph en prison, interprète les rêves de deux serviteurs de Pharaon. Et les rêves s'accomplissent exactement comme annoncés par Joseph : trois jours plus tard ! (Genèse 40, 10)

Moïse, dans le désert, permet au peuple de rencontrer Dieu à l'aube du troisième jour, après un temps de préparation solennelle (Exode 19, 14-16).

Le prophète Osée demande au peuple de revenir à Dieu dans une attitude repentante, et il signale que le troisième jour, Dieu relèvera ce peuple (Osée 6, 2).

Le personnage énigmatique de Jonas, dans l'Ancien Testament, est avalé par un gros poisson et il y reste trois jours, avant d'être rejeté, indemne (Jonas 2, 1). Ces trois jours dans le ventre du poisson ont fait couler beaucoup d'encre, mais dans le Nouveau Testament, ils sont rappelés comme signe prophétique annonçant les trois jours entre la mort et la résurrection de Jésus.

« *Quelques-uns des scribes et des Pharisiens (les spécialistes reli-*

gieux) prirent la parole et dirent à Jésus : "Maître, nous voudrions voir un signe de ta part." Il leur répondit : "Une génération mauvaise et adultère recherche un signe, il ne lui sera donné d'autre signe que celui du prophète Jonas. Car, de même que Jonas fut trois jours et trois nuits dans le ventre du grand poisson de même le Fils de l'homme (titre que se donne volontiers Jésus) sera trois jours et trois nuits dans le sein de la terre"» (Matthieu 12, 38-40).

Ces trois jours d'absence, entre la mort et la résurrection de Jésus, ne sont pas annoncés d'avance seulement par l'expérience étonnante de Jonas, ils le sont par un autre événement évangélique.

Jésus a 12 ans lorsque se produit l'incident qui nous intéresse (rappel de la symbolique du 12 : 3 x 4). Il est avec ses parents à Jérusalem. Or, Jésus va leur échapper et les parents, affolés, vont rechercher le jeune garçon pour le retrouver trois jours plus tard !

Jésus, le troisième jour, réapparaît. C'est ce qu'il annonce à plusieurs reprises à ses disciples en prophétisant sa fin. Juste un exemple à lire dans l'Évangile de Marc (9, 31) : « *Jésus enseignait ses disciples et leur disait : "Le Fils de l'homme sera livré entre les mains des hommes ; ils le feront mourir, et, trois jours après sa mort, il ressuscitera. "* »

De façon plus codée, Jésus avait annoncé ce temps en l'associant à la destruction du temple de Jérusalem que ses amis admiraient. Jésus, très en colère, avait chassé les vendeurs du temple, irrité de ce qu'ils faisaient de ce temple un supermarché religieux. Il avait alors renversé les étals des vendeurs de toute sorte. « *Alors les chefs juifs lui demandèrent : "Quel signe miraculeux peux-tu faire pour nous prouver que tu as le droit d'agir ainsi ? " Jésus leur répondit : "Détruisez ce temple, et en trois jours je le rebâtirai. - On a mis quarante-six ans pour bâtir ce temple, et toi, tu vas le rebâtir en trois jours ? " lui dirent-ils. Mais le temple dont parlait Jésus, c'était son corps.»* (Jean 2, 18-21)

Dans la suite du Nouveau Testament, le futur apôtre Paul est frappé de cécité par Dieu lui-même, et c'est au bout de trois jours que Paul recouvre la vue et devient l'apôtre bien connu pour ses missions d'évangélisation…

Le troisième jour, il y a toujours une nouvelle ouverture sur un fait déterminant !

La preuve par 6

Dans la symbolique numérique biblique, le 6 et ses dérivés ont une place importante. Le 6 est avant tout le premier nombre parfait, c'est-à-dire qu'il est égal à la somme de ses diviseurs (1 + 2 + 3).

Naturellement, il fait aussi référence directe au sixième jour de la création qui voit apparaître l'homme. C'est pourquoi le 6 est aussi souvent présenté comme le chiffre de l'homme. Il est le signe de la totalité de la création et de tout ce qui existe sur terre.

Le carré de 6, 36, est aussi le triangle de 8 (1 + 2 + 3 + 4 + 5 +6 +7 + 8 = 36).

Or, en introduisant le 8, nous faisons mention du huitième jour qui, après la semaine *créationnelle*, représente les débuts de l'homme pour une nouvelle semaine. Le 8 est également, ou de plus, annonce du monde nouveau, notamment depuis le déluge et l'arche de Noé. Dans ce fameux récit, la Bible précise que le nombre d'occupants de l'arche (la famille de Noé) était composée de 8 personnes. C'est avec ces huit rescapés-là que le monde recommence.

Pour ajouter quelques signes, on peut aussi se souvenir que l'enfant mâle est circoncis le huitième jour (Lévitique 12, 3).

Par ailleurs, lorsque le roi Ézéchias décide de purifier le temple et de revenir solennellement à Dieu, il est dit que « *le huitième jour du mois, ils (les sacrificateurs) entrèrent dans le vestibule de l'Éternel et mirent huit jours à consacrer la maison de l'Éternel* » (II Chroniques 29, 10).

Après sa résurrection, Jésus s'est présenté à Thomas, le disciple qui ne voulait pas croire au miracle, huit jours après l'événement...

Revenons au nombre 36 : en tant que carré de 6, il exprime la totalité de la création qui s'achève ; en tant que triangle de 8, il exprime le commencement ou recommencement parfait.

De là, autre dérivé de 6, le 666, qui n'est autre que le triangle de 36, représente le temps des crises liées à la fin de la création et au commencement tout aussi difficile du monde à venir.

Ce fameux 666 est, depuis un texte de l'Apocalypse, synonyme du diable et de tout ce qui est satanique. L'auteur de l'Apocalypse prophétise la fin du monde et signale comment reconnaître l'origine du mal : « *C'est ici la sagesse. Que celui qui a de l'intelligence calcule le chiffre de la bête. Car c'est un chiffre d'homme, et son chiffre est 666* » (Apocalypse 13, 18).

Le 6 est aussi à la base du 12, autre nombre extrêmement présent dans la Bible. Les 12 fils d'Israël, les 12 tribus d'Israël, les 12 apôtres, les 12 portes de la Jérusalem à venir.

Le 12 est le chiffre rectangulaire de 3 {3x (3 +1)}. Le 3 est associé à Dieu dans sa totalité (la trinité : Père, Fils, Saint-Esprit) ; il est aussi le signe de la verticalité (même chez les Babyloniens qui parlaient du ciel, de l'espace intermédiaire et de la terre). Le 4, nombre symbolique de la création avec ses points cardinaux (sans parler des quatre fleuves qui arrosent l'Éden), touche à l'horizontalité. Multipliés, le 3 et le 4 donnent 12, mais ajoutés, ils donnent le 7, signe de la totalité parfaite. Or l'unité totale est symbolisée par le nombre 60 (autre dérivé de 6), et le cinquième de 60 est 12. Selon l'Apocalyse, le cinquième de la population mondiale est encore la proportion symbolique de l'humanité sauvée.

Le 12 au carré donne 144. Ce nombre n'éveille pas grand chose dans l'esprit du lecteur de la Bible, sauf s'il multiplie ce chiffre par 1 000 (lequel symbolise l'infini), pour obtenir les 144 000 hommes sauvés à l'issue des temps de la fin. Ces 144 000 élus sauvés, que certains considèrent à la lettre (plus qu'au sens symbolique du chiffre), représentent une conjugaison du 3 divin/ciel, du 4 mondain/terre et de la largesse infinie de Dieu : [(3 x 4) x (3 x 4)] x 1000.

Si nous restons dans la symbolique des personnes sauvées, il faut faire un tour dans le livre de Jonas. La mission du prophète est de sauver une population, il est mentionné que le nombre de personnes concernées par le message de Jonas – et donc de Dieu – a été de 120 000 humains, littéralement « 12 myriades » : un myriade étant 10 x 1000 !

Dans les lignes précédentes, nous avons déjà associé le 6 et le 8. Or, on peut aussi associer le 6 et le 7, non seulement pour unir le sixième et le septième jour de la création, mais parce que ces deux chiffres permettent de calculer le nombre rectangulaire de 6 qui est le 42 { 6 x (6 + 1) = 42 }

Le 42 représente le nombre de générations que l'évangéliste Matthieu égrène pour présenter la généalogie de Jésus. Cette généalogie conclue : il y a 14 générations depuis Abraham jusqu'à David, 14 générations de David à l'exil babylonien et 14 générations de l'exil jusqu'au Christ. Donc 3 x 14. Pour notre démonstration, nous aurions préféré dire 6 x 7, mais Matthieu privilégie cet autre découpage, plus ou moins arbitraire puisqu'il omet des maillons dans l'ensemble de la généalogie. De fait, il voulait insister sur la lignée davidique de Jésus. En effet, la valeur totale des lettres du nom David est la suivante : DWD = 4 + 6 + 4 = 14. Nous reparlerons plus loin de la valeur numérique des lettres de l'alphabet hébreu.

On retrouve encore le nombre 42 dans l'Apocalypse lorsque son auteur parle des nations du monde qui viendront fouler Jérusalem. Cette ruine de la cité sainte durera quarante-deux mois (Apocalypse 11, 2).

Le nombre d'or

Dans la Bible, le chiffre 40 est un autre chiffre symbolique important. Il désigne une période assez longue pour se préparer à un événement déterminant. En général, c'est un temps d'épreuve. On retrouve cette idée dans « la quarantaine », la mise à l'écart en période de maladie contagieuse.

La première mention biblique du nombre 40 est pour parler du nombre de jours qu'a duré le déluge. Plus tard, à l'époque de l'Exode, les Hébreux, conduits par Moïse, ont tourné dans le désert pendant quarante ans, avant d'arriver dans le pays de Canaan, la Terre promise. Par ailleurs, Moïse a prié quarante jours sur la montagne du Sinaï, au désert, avant de redescendre auprès du peuple, chargé des Dix Commandements (la Loi ou la Torah) de Dieu.

Le prophète Élie a marché quarante jours, dans une dépression morale profonde, avant d'être re-dynamisé par Dieu qui ainsi lui propose un nouveau départ.

Dès les premières pages du Nouveau Testament, il est signalé que Jésus passe quarante jours dans le désert avant de commencer son ministère public. C'est dans ce désert et durant cette période de temps (de jeûne et de prière) que le Christ est tenté trois fois par le diable. L'Évangile signale aussi qu'il y a quarante jours entre Pâques et l'Ascension.

Enfin, il n'est pas inutile de rappeler que le mot « carême » vient d'un mot latin qui signifie quarante. Le carême, ce sont les quarante jours qui conduisent certaines familles chrétiennes dans la préparation de la célébration de Pâques.

Il serait fastidieux de traiter de chaque chiffre et de chaque nombre que la Bible fait jaillir au détour de tel ou tel récit, que ce soit dans l'Ancien ou dans le Nouveau Testament. Dans le chapitre suivant, nous poursuivrons cette enquête en entrant dans des détails pour le moins curieux. Mais parmi les généralités soulevées dans ce présent chapitre, il nous faut parler du nombre magique, parfait, symbolique par excellence de l'harmonie totale, de la proportion idéale et dorée : le nombre d'or.

Cette proportion idéale et harmonieuse a été le secret de savants et d'architectes brillants pendant des siècles. Et, naturellement, source de légendes fabuleuses. Cette équation est cernée plus précisément depuis le XVe siècle et elle pourrait être exprimée par l'irrationnel 1,6118 – ou son inverse : 0,618. En termes bibliques, cela s'inscrit plutôt sous la forme d'une fraction : 3/5.

C'est ainsi que sont désignées les dimensions de l'arche de Noé (300 coudées de long, 50 de large et 30 de haut). Entre la largueur et la hauteur de l'étrange bateau, nous trouvons bien la proportion 30/50, c'est à dire 0,6 (inverse de 1,6, nombre d'or).

Que faire de la longueur de l'arche (300 coudées) ? Rien sinon signaler qu'elle est trois fois plus importante que la longueur du temple de Salomon. Or, le temple de Salomon est long de 100 coudées, large de 50 et haut de 30 (I Rois 7, 2). Ici encore, largeur et hauteur ont la proportion idéale.

Dans le livre de l'Exode, pour le Tabernacle (tente démontable servant de lieu saint), des consignes précises sont données quant à l'autel des sacrifices (Exode 27, 1) : 5 coudées de long et autant de large, et 3 coudées de haut. On retrouve sans problème la fraction 3/5.

Il y a, dans la Bible, des jeux de mots et nous en avons déjà montré plusieurs, il y a aussi des jeux dans l'écriture elle-même, et parfois, la Bible fait appel à des nombres symboliques. Tout cela n'est pas seulement pour enrichir le style ;

des repères sont proposés, des clins d'œil sont lancés, des pistes de compréhensions sont amorcées. Le nombre est une langue ajoutée pour conduire à d'autres, ou pour proposer de nouvelles compréhensions du texte. Pour l'enrichissement de la connaissance biblique, ou pour ajouter des énigmes à décoder, il serait dommage de passer outre ces informations. Mais parfois les décryptages amateurs sont si aberrants qu'il vaudrait mieux s'en tenir à une lecture basique des textes. Dans le prochain chapitre, nous aurons l'occasion de voir ce que l'imagination est capable d'engendrer, et ce que des présupposés sont capables d'avancer comme vérités définitives !

Chapitre 14

Les chiffres et leurs mystères

Deuxième partie.
Dès que des sens cachés existent derrière une communication,
la tentation de tout réduire
à cette autre lecture à décrypter s'impose.
Mais ce n'est pas sans risque.
L'incroyablement révélateur et
lumineux côtoie alors l'incongru et l'abracadabrant.
Sans épuiser la richesse et le burlesque, quelques pistes…

Nous allons nous arrêter un peu sur quelques chiffres et nombres de la Bible qui, au détour d'une page, viennent nous surprendre.

Une anecdote pour commencer. Journaliste, j'ai un jour interviewé Richard Wurmbrand, pasteur roumain qui avait passé trente-neuf ans dans les prisons de Ceausescu. Le jour de son arrestation, enlevé dans la rue par la Stasi, serré entre des policiers, il se mit à sourire. Les policiers, interloqués, lui ont demandé ce qui le faisait rire. Le pasteur a expliqué que le matin même, il s'était demandé pourquoi la Bible contenait 366 fois l'expression *N'aie pas peur !* Or, arrêté un 29 février, R. Wurmbrand venait de comprendre : il y a autant de fois « N'aie pas peur » dans la Bible qu'il y a de jours dans l'année, même pour cette année-là qui était bissextile !

La lecture du pasteur roumain et le décodage qu'il en a fait, étaient liés à son expérience du moment ; mais était-ce le sens donné par les auteurs bibliques ? Nul ne le sait. Pourtant, c'est ce sens-là qui a permis à Richard Wurmbrand de ne pas sombrer dans la folie le temps de son incarcération. Sa lecture était donc la bonne !

Des poissons et des pains

Dans les Évangiles, on nous raconte l'histoire d'une pêche miraculeuse. L'évangéliste Jean relate qu'un jour, Pierre et ses collègues pêcheurs avaient travaillé toute la nuit sans rien prendre. Au petit matin, Jésus, depuis le bord du lac, les encourage à jeter encore une fois les filets et c'est alors que s'opère le miracle. Les filets craquent tant ils sont remplis d'une pêche incroyable. Accostant, Pierre tire le filet à terre et compte 153 gros poissons (Jean 21, 11).

Il est étonnant que l'évangéliste note ce détail de comptable, et même étonnant que Pierre prenne le temps de dénombrer sa pêche. C'est pourquoi les 153 poissons ont suscité bien des curiosités et des tentatives d'explications. C'est ainsi que certains spécialistes associèrent ce chiffre au nombre de fois que le terme *grâce* serait dans le Nouveau Testament (et dans l'original). Le miracle étant une grâce par excellence, il faut saisir ce message et la totalité de ce message pour vivre ce que Jésus propose.

Saint Augustin proposa une autre signification parce qu'il lisait, dans ces 153 poissons, la mission confiée à Pierre (Jésus lui avait dit : Je ferai de toi un pêcheur d'hommes !). Les poissons sont les hommes « pêchés » par Pierre, lequel n'est autre que la figure de l'Église.

Mais encore ? Saint Augustin fait remarquer que 153 est le chiffre triangulaire de 17 (1 + 2 +3 + 4 + 5 + 6 +... 16 +17 = 153).

Il faut aussi s'amuser à visualiser les cailloux des anciens avec la disposition en triangle : première ligne 1 caillou ; deuxième ligne 2 cailloux ; troisième ligne 3...et dix-septième ligne 17 cailloux.

Les deux premières lignes forment le triangle, pierre angulaire et trinitaire de toute chose.

Les trois lignes suivantes (3, 4, 5) font un total de 12 , ce qui désigne les apôtres qui « découlent » du triangle fondateur.

Les douze lignes suivantes sont aussi les dernières (qui vont de 6 à 17), elles symbolisent l'Église qui « découle » de la mission des douze qui eux-mêmes se fondent sur la pierre angulaire. Au total, 153 gros poissons.

À noter, mais sans lien apparent, que les premiers chrétiens qui furent persécutés à Rome, avaient adopté un signe secret de ralliement représentant un poisson stylisé. Ce poisson est peut-être un souvenir de la pêche miraculeuse, mais il est aussi et surtout le résultat d'un anagramme : *Jésus-Christ, Fils du Dieu Sauveur.* En grec, les initiales de chacun de ces termes forment le mot *Ichthus*... qui signifie poisson !

Puisque nous parlons de poissons, osons nous aventurer dans la lecture d'un autre épisode de l'Évangile où les chiffres ne sont pas simplement un souci comptable.

Parlons de la multiplication des pains et des poissons. C'est un épisode très connu, comme celui de la pêche miraculeuse, mais dont le sens est aussi caché dans les chiffres employés.

Voici comment l'évangéliste Matthieu relate l'événement :

« *Quand le soir fut venu, les disciples de Jésus s'approchèrent de lui et dirent : " Il est déjà tard et cet endroit est isolé. Renvoie tous ces gens pour qu'ils aillent dans les villages s'acheter des vivres. " Jésus leur répondit : "Il n'est pas nécessaire qu'ils s'en aillent ; donnez-leur vous-mêmes à manger ! " Mais ils lui dirent : "Nous n'avons ici que* **cinq** *pains et* **deux** *poissons. - Apportez-les-moi" leur dit Jésus. Ensuite, il ordonna à la foule de s'asseoir sur l'herbe ; puis il prit les* **cinq** *pains et les* **deux** *poissons, leva les yeux vers le ciel et remercia Dieu. Il rompit les pains et les donna aux disciples, et ceux-ci les distribuèrent à la foule. Chacun mangea à sa faim. Les disciples emportèrent* **douze** *corbeilles pleines des morceaux qui restaient. Ceux qui avaient mangé étaient au nombre d'environ* **cinq mille** *hommes, sans compter les femmes et les enfants.* » (Matthieu 14, 19-21)

Le 5 est un nombre marquant une réalité en devenir. On le retrouve dans l'opération 2 x 5 = 10 (totalité encore incomplète) et dans l'opération 12 x 5 = 60 (base de numération des juifs et de la culture sémite). Le 5 désigne une réalité non encore perceptible. Il rappelle une partie de l'humanité qui est destinée à être sauvée, selon certains textes de l'Apocalypse.

Voilà donc 5 pains destinés à nourrit 5 000 hommes, lesquels sont « sauvés » par cette multiplication. Les 5 000 représentent une multitude puisque 5 x 1000.

À signaler encore que les 5 pains sont proposés après les longues heures durant lesquelles Jésus a offert à la multitude son enseignement, nourriture spirituelle par excellence. Après cette nourriture spirituelle, les pains bien matériels, mais automatiquement associés à l'enseignement qui donne la vie : la Torah, c'est-à-dire les cinq premiers livres de l'Ancien Testament.

Ces cinq pains font aussi penser à un autre cinq. Dans l'Évangile de Jean, on raconte la rencontre de Jésus avec une Samaritaine. Cette femme vit un échec sentimental et religieux. Le texte précise qu'elle avait eu 5 maris et que celui avec qui elle vivait n'était pas son mari ! Les Samaritains du temps de Jésus étaient des Sémites qui avaient été mis de côté par les juifs pieux sous prétexte qu'ils pas assez spirituels. Or, les Samaritains n'avaient conservé, dans leur culte, que les cinq premiers livres de la Bible, le Pentateuque : la Torah. Les cinq maris de la samaritaine sont sans doute aussi le symbole des cinq livres de la Torah qui ne font plus partie de sa vie.

Quoi qu'il en soit, Jésus multiplie 5 pains et 2 poissons. Ces deux poissons sont le symbole de l'amour puisque tel est le sens premier de ce chiffre. Être deux permet de se multiplier ; il est signe de vie.

Voilà donc pour saisir le 5 et le 2 qui ensemble nourrissent 5 000 personnes sans compter les femmes et les enfants. Et il reste 12 paniers : le nombre qui rappelle la multitude, l'humanité tout entière.

Le sens est clair : la parole du Christ, spirituelle et matérielle, est destinée à nourrir en abondance le monde.

Or, il y a dans les Évangiles, deux récits de multiplication de pains. Pour certains lecteurs, c'est la même histoire, mais racontée autrement. Pour d'autres, il s'agit de deux récits différents et dont la symbolique est tout aussi différente.

Dans un récit, il y a 5 000 hommes qui bénéficient du geste miraculeux de Jésus, et il reste 12 paniers. Dans l'autre récit (Matthieu 15, 22), il y a 4 000 hommes et il reste 7 paniers !

Si on peut avoir une mauvaise estimation de la foule (entre 4 et 5 000 personnes), il est plus difficile de se tromper sur le nombre de paniers qui restent (7 ou 12) !

Dans le premier récit, le 5 et le 12 ont des valeurs bien précises, et donc des intentions. Dans le deuxième récit, 4 et 7 en ont aussi : le 4 marque le monde puisqu'il est signe de l'humanité, et le 7 marque la perfection de la totalité. Le 4 multiplié par 1 000 fait encore image de surabondance.

Il y a encore un détail dans l'introduction de chacune des deux multiplications. Pour la première (avec les 5 et 12), il est précisé que les bénéficiaires du miracle sont ceux qui forment la foule, suivant Jésus, et même le poursuivant. Il y a chez eux une opiniâtreté de « chercheurs de Dieu ». Ils sont déjà le rassemblement des croyants et donnent sens à la mission de salut du Christ.

Dans le deuxième récit, la foule est constituée de personnes qui viennent voir Jésus en lui amenant des malades,

des sourds, des aveugles… Ici, ce ne sont plus les chercheurs de Dieu, mais une humanité bien terre à terre symbolisée par le 4 (des quatre coins de l'horizon) et du 7, alliance entre l'homme et Dieu et manifestant une humanité réconciliée.

Ainsi, les deux multiplications, qui semblent se ressembler, portent pourtant en elles des lectures symboliques et numériques différentes et complémentaires.

Dans le même bateau

Lorsqu'il s'agit de parler des êtres sauvés par le message de la Bible, et donc par la parole et l'action de Dieu, on utilise plusieurs symboliques pour parler de multitudes. Nous venons de le voir avec les bénéficiaires des diverses multiplications de pains de Jésus. Nous l'avons déjà signalé dans le chapitre précédent en parlant des auditeurs du prophète Jonas et du nombre de Ninivites se convertissant au message du prophète.

Or, dans le Nouveau Testament, dans le livre des Actes, il est question du sauvetage incroyable d'un navire à la suite d'une tempête effrayante. C'est un récit exaltant qui se trouve au chapitre 27 de ce livre. Bien des spécialistes ont analysé chaque mot de ce récit très précis parce qu'il donne des détails introuvables ailleurs sur le comportement des marins au cours de difficultés en mer. Mais au-delà des informations que donne l'auteur sur les techniques de navigation, il suggère aussi d'étranges symboles. Voici le contexte : l'apôtre Paul a été arrêté et doit comparaître devant les autorités de Rome.

Il est donc emmené par bateau dans la cité de César. Mais voilà qu'une tempête frappe la région méditerranéenne et le navire est plus que malmené. On craint pour la survie de chacun. Or, Paul, averti par son Dieu, tente de calmer les angoisses et propose un programme très surprenant. Jugez : « *Avant la venue du jour, Paul invita l'équipage à prendre de la nourriture, en disant : "Voici aujourd'hui* ***quatorze*** *jours que dure votre attente angoissée et que vous restez sans rien manger. Je vous invite donc à prendre de la nourriture, car vous en avez besoin pour être sauvés. Aucun de vous ne perdra même un cheveu de sa tête. " Sur ces mots, Paul prit du pain et remercia Dieu devant tous, puis il le rompit et se mit à manger. Tous reprirent alors courage et mangèrent aussi. Nous étions, sur le bateau,* ***deux cent soixante-seize*** *personnes en tout.* »

La suite de l'histoire montre comment l'ensemble de l'équipage a été effectivement sauvé en échouant volontairement le navire sur les côtes de l'île de Malte.

Mais au-delà du récit pittoresque, l'un des plus exaltants du Nouveau Testament, il y a des signes à décoder.

La tempête a duré quatorze jours, deux semaines, soit deux fois le temps de la semaine créationnelle. C'est donc l'indice d'un recommencement possible après un temps symbolique.

Puis, le texte précise étonnamment le nombre de personnes sur le bateau : 276.

En faisant quelques exercices, on notera sans trop de mal que 276 est lié au 12 et au 66.

Le 66, ce n'est pas seulement le doublement du chiffre de l'homme, entre le 6 et le 666. C'est aussi ici le gnomon qui permet plusieurs lectures.

De plus, le nombre triangulaire de 12 est 78 (1 + 2 + 3 + 4 + 5 +… + 11 + 12 = 78), or 12 + 66 = 78. Par ailleurs, le carré de 12 est 144 (chiffre qui, multiplié par 1 000 donne le chiffre symbolique des ceux qui seront sauvés selon l'Apocalypse).

Si vous cherchez le nombre hexagonal de 12, vous arrivez à 276, avec la suite logique : 12 + 66 = 78 ; + 66 = 144 ; + 66 = 210 ; + 66 = 276.

On a ajouté à 12 quatre fois le nombre 66 pour arriver au nombre de personnes sauvées du navire.

Faut-il rappeler que 4 marque l'humanité, 12 le signe de la multitude humaine et 66 le redoublement du chiffre de l'homme ! Il y a là cumul que le hasard ne peut expliquer.

Encore une image qui n'est pas directement liée aux chiffres qui précèdent, mais qui n'est guère banale. Depuis le Nouveau Testament, l'Église est représentée symboliquement comme un navire qui vogue sur un océan agité. Et cette image est souvent présente dans la Bible. Non seulement dans le livre des Actes, avec l'épisode que nous venons de rappeler, mais aussi dans celui de Jonas partant pour annoncer le salut aux habitants de Ninive, ou encore avec l'épisode bien connu de Jésus apaisant la tempête alors que ses disciples et lui sont sur une barque, sur un lac en furie. Le cri des disciples était alors très clair : « *Sauve-nous, nous périssons !* »

Attention, inepties !

Il est évident que la recherche d'interprétation à partir des nombres et des chiffres peut inciter des lectures forcées, orientées, manipulées. Dès que l'on traite de symboles, tout est possible, et son contraire.

Or, il est un chiffre qui est sans doute le plus sujet à toutes les interprétations possibles, c'est le 666. Dès qu'il a été associé au mal, au diable, à Satan, toutes les pistes sont empruntées et proposées. Or, de façon surprenante, le 666 est mentionné peu de fois dans la Bible, et les diverses citations ne se recoupent pas vraiment.

Ainsi, du temps du roi Salomon, la part d'or qui lui revenait annuellement était de 666 talents d'or (I Rois 10, 14). Dans le livre d'Esdras, au milieu d'une fastidieuse énumération des personnes victimes de l'exil, on parle du clan d'Adonicam composé de 666 personnes. Mais le texte le plus important, avec ce chiffre 666, est celui de l'Apocalypse (13, 18) : *« C'est le moment d'avoir du discernement : celui qui a de l'intelligence, qu'il interprète le chiffre de la bête, car c'est un chiffre d'homme : et son chiffre est six cent soixante-six. »*

La bête est la plus grande menace pour l'humanité. C'est dire que discerner qui elle est devient essentiel pour s'en préserver. C'est dire aussi que le 666 a été l'objet de toutes les spéculations. Car il semble que le 666 soit d'une étonnante présence ! Jean, l'auteur de l'Apocalypse, n'a pas vraiment inventé ce chiffre de la bête. Dans bien des religions, le 666 était déjà présent pour marquer un mystère plus ou moins positif. Ainsi, les prêtres de Babylone portaient une amulette qui était une espèce de damier de 6 cases sur 6. Dans chacune de ces cases, il y avait un nombre, jamais le même (au total tous les chiffres de 1 à 36), et la somme des nombres, en horizontal comme en vertical ou en diagonale est

111 (la triple perfection par le triple 1). Or, le total des six totaux verticaux et des six totaux horizontaux fait alors 666.

Chez les Romains, les chiffres s'écrivent en lettres. Or, le total des 6 premiers chiffres romains fait 666 : I + V + X + L + C + D = 1 + 5 + 10 + 50 + 100 + 500 = 666

À l'époque de Jean et de la rédaction de son Apocalypse, les premiers chrétiens étaient persécutés, notamment à Rome. Néron ne va-t-il pas accuser ces mêmes chrétiens d'avoir incendié la ville éternelle ? Pour les chrétiens, il devenait difficile de manifester leur foi et c'est pourquoi ils se rassemblaient dans les catacombes romaines. La clandestinité n'était pas seulement indispensable pour les rencontres cultuelles, il fallait aussi faire attention à toute communication qui pouvait être interceptée.

Cette réalité est aussi à l'origine du caractère parfois obscur de l'Apocalypse de Jean. En effet, Jean voulait encourager les chrétiens dans une certaine résistance à la persécution, et il souhaitait dire à ses lecteurs que la victoire finale viendra couronner leur choix. Il signale aussi que les persécuteurs seront jugés et condamnés. Comme il ne peut écrire ouvertement (d'autant qu'il était en résidence surveillée sur l'île de Pathmos), il a procédé à des codages que les lecteurs du moment pouvaient saisir sans problème.

Ainsi, derrière la Bête immonde se cache très certainement Néron lui-même. En effet, la valeur numérique du nom César Néron (en hébreu NRWN QSR) donne la somme de 666.

Les valeurs numériques des consonnes hébraïques pour écrire ce nom sont les suivantes :

N = 50 ; R = 100 ; W = 6 ; Q = 100 ; S = 60.

D'où le total : 50 + 200 + 6 + 50 +100 +60 +200 = 666.

Il n'est pas inutile de rappeler aussi que Néron était le 6e empereur romain portant le titre de César !

Mais chaque époque a eu son Néron. Ainsi, le nom Hitler peut donner la somme de 666 à partir du moment où l'on donne la valeur 100 à la lettre A de l'alphabet allemand, puis 101 pour le B, 102 pour le C… On obtient ainsi : hitler = 107 + 108 + 119 + 111 + 104 + 117 = 666.

On aime alors d'autres hasards. Ainsi, Hitler a signé, avec Staline, le pacte germano-soviétique le 24 août 1936, scellé le 26 du même mois, mais rompu le 22 juin 1941. Ce pacte bafoué dura 666 jours !

Plus récemment, c'est Saddam Hussein qui pouvait fournir le chiffre de la Bête. Il faut alors transcrire son nom en hébreu. C'est alors que Saddam (Samekh) et Hussein totalisent chacun 666 selon la valeur numérique des lettres hébraïques.

Le même calcul avait été fait du temps de Napoléon, avec le même résultat !

Mais les calculs sont parfois surprenants et les intentions qui s'y logent encore plus insolites. Ainsi cette thèse faisant référence à la première bombe atomique lâchée sur Hiroshima, le 6 août 1945. L'empereur nippon de l'époque était Hiro-Hito, 666e empereur du Japon. La légende disait que le tout premier empereur japonais était né 13 320 ans plus tôt, de l'union entre une femme céleste et un homme terrestre. Si on compte qu'une génération dure vingt ans, la division 13 320 par 20 donne encore 666.

On refait alors l'histoire, ou on la commente à sa façon. Bien des scrutateurs ont noté, par exemple, que le pape Jean-Paul II, lors d'un voyage en Hongrie, avait un véhicule portant le numéro 666. De même, le véhicule qui transporta le corps de François Mitterrand, de l'avion au cimetière, portait également ce numéro !

Le 666 est souvent exploité dans les groupes pop de Hard-Rock et le monde du cinéma aime aussi ce chiffre lourd de symbolique.

Les utilisateurs d'Internet doivent taper www pour établir une liaison. Selon l'hébreu, le w correspond à la lettre waw, équivalent au U, au V et au W. Sa valeur numérique est 6. Donc, les internautes passent sans cesse par le 666 !

On peut aussi aller plus loin et faire frémir. Ainsi la sixième lettre de l'alphabet français est le F. Avec la Fédération française de Football, vous avez le sigle FFF, soit 666. De plus, la France a gagné la coupe du monde de football en 1998, c'est à dire 3 x 666.

Ce dernier exemple, plus que certains autres, est là pour montrer que, si la Bible est capable de transmettre un message par les nombres et les chiffres, elle peut entraîner des interprétations farfelues et grotesques. Quand on a décidé, par avance, de faire dire à un texte ce qu'on a envie d'y trouver, on peut y parvenir, avec quelques pirouettes et acrobaties saugrenues.

Tout est venu seulement d'un verset biblique qui encourageait à comprendre qui pouvait être la Bête abominable. Dans l'Apocalypse, au chapitre 13 et au verset 18. Même cette référence est un signe, selon certains. En effet, le 13 est le chiffre de la mort, et le 18 est le résultat de 3 x 6 : encore le 666 !

Mais une telle déduction est intenable puisque la numérotation des textes bibliques en chapitres et en versets est très tardive, par rapport à l'époque des rédactions. C'est pourquoi rechercher, par exemple, le sens de Jean 6, 66 et y trouver un message, demeure saugrenu. Jean, l'auteur de l'Apocalypse chercherait encore à coder son Évangile ? Bizarre. Mais il est vrai que la référence donne à réfléchir : « Dès lors, beaucoup de ses disciples se retirèrent et cessèrent d'aller avec lui (Jésus). »

Ce n'est pas parce que des thèses extravagantes sont parfois proposées à la lecture de la Bible et de certains de ses codes qu'il faut refuser de découvrir aussi des informations cachées. Mais aussi bien dans la lecture traditionnelle que dans la lecture symbolique, dans la lecture psychanalytique que dans la lecture numérique, la prudence et la modestie s'imposent. La Bible est un livre dont on reçoit le message et non un livre dont on façonne et refaçonne, à chaque époque, le sens.

Bibliographie

Pour les besoins de ce livre, plusieurs dizaines de traductions françaises de la Bible ont été compulsées. Les plus importantes sont les suivantes :

Bible de Jérusalem, Édition de références avec notes et augmentée de clefs de lecture. Fleurus-Le Cerf, 2001.

La Nouvelle Bible Segond, Édition d'études. Alliance Biblique Universelle, 2002.

La Bible expliquée, Alliance Biblique Universelle. 2004.

La Bible, traduite et présentée par André Chouraqui. Éditions Desclée de Brouwer, 1989.

La Bible Thompson avec chaînes de références et articles théologiques. Éditions Vida, 1990.

La Bible en français courant. Éditions Alliance Biblique Universelle, 1982.

Autres ouvrages

À Bible ouverte *– La Genèse ou le livre de l'homme.* Josy Eisenberg et Armand Abécassis. Éditions Albin Michel, collection Spiritualité vivante, 2004.

Au commencement. François Castel. Éditions du Centurion, 1985.

La Bible à la lumière de l'archéologie, J.A. Thompson. Éditions LLB, 1988.

Biblia – Collection de revues publiées aux Éditions du Cerf.

Éden et la quête d'immortalité. James Barr. Éditions Le cerf, collection Lire la Bible (n°107), 1995.

L'Égypte intérieure, *ou les dix plaies de l'âme.* Annick de Souzenelle. Éditions Albin Michel collection Espace libre (n° 74), 1997.

Les esprits, est-ce que ça existe ? Sous la direction d'Alain Houziaux, ouvrage collectif d'Yves Dulac, Ahmed Eleuch et Curille Javary (Questions de Vie) aux Éditions de l'Atelier, 2005.

Et couple il les créa. Karin Heller. Éditions Le cerf, collection Lire la Bible (n°112), 1997.

Un étranger sur le toit, *Les sources midrashiques des Évangiles.* Maurice Mergui. Éditions Nouveaux Savoirs, 2003.

Gilgamesh. *Documents autour de la Bible.* Florence Malbran-Labat. Éditions du Cerf, 1992.

Histoire biblique du peuple d'Israël, André et Renée Neher. Librairie d'Amérique et d'Orient – Adrien maisonneuve. Nouvelle édition de 1988.

Introduction au Talmud. Adin Steinzeltz. Éditions Albin Michel, 2002.

Le Jardin d'Éden. Daniel Louys. Éditions Le cerf, collection Lire la Bible (n°95), 1992.

Morts, fantômes et revenants. Dominique Besançon. Éditions Terre de Brume, 2000.

La Nouvelle Bible déchiffrée. Ouvrage collectif. Éditions LLB-France, 2003.

Le sacrifice interdit, *Freud et la Bible.* Marie Balmary. Éditions Grasset, 1989.

Le symbole, Baudouin Decharneux et Luc Nefontaine. PUF, collection « Que sais-je ? » , 1998.

Index

O

P

R

S

T

U

Y

Z

Table des matières

Cette belle histoire, sans doute la préférée des enfants parce que les animaux y ont une part importante, n'en demeure pas moins horrible puisqu'elle parle d'un châtiment de Dieu sur les hommes devenus pervers. Mais comment les animaux se sont-ils rassemblés ? Comment ont-ils vécu dans l'arche ? Le déluge était-il universel ou localisé ? Où l'arche a-t-elle échoué ? On prétend que des vestiges ont été retrouvés sur le mont Ararat, en Arménie !

(cf. Genèse 7 et 8)

Jacob, après des années loin de chez lui, rentre au pays où son frère jumeau Ésaü risque de lui en vouloir encore puisqu'il était parti en lui volant « la bénédiction paternelle ».
Or, en traversant une rivière, Jacob se bat toute la nuit contre un étrange personnage qu'il ne parvient pas à vaincre.
Qui est cet étonnant adversaire ? Le texte semble dire qu'il s'agit d'un « ange de l'Éternel ».

Mais, suite à ce combat initiatique, Jacob reçoit un nouveau nom : Israël !
Et demeure boiteux !

(cf. Genèse 32)

Première partie.
Moïse se rend devant le pharaon pour exiger le départ des Hébreux, lesquels sont réduits à l'esclavage.
Le pharaon refuse de laisser partir cette main-d'œuvre bon marché.
Alors, pour faire fléchir le pharaon, Moïse envoie des « plaies » sur le pays et ses habitants.
Or, ces plaies épargnent les Hébreux et les lieux où ils vivent.
Les plaies sont au nombre de dix et fragilisent le pays, mais aussi ses croyances.

(cf. Exode 7 à 12)

Deuxième partie.
L'exode du peuple hébreu vers la Terre promise, après plusieurs

siècles de présence servile en Égypte, est l'un des événements phares de toute l'histoire d'Israël.
Celle-ci est donc pleine de multiples sens que plusieurs siècles de lectures et d'interprétations ont à peine décodés.
Or, les dix plaies qui ont frappé l'Égypte avant que les Hébreux ne puissent en sortir font-elles partie de l'Histoire,ou d'une relecture symbolique, théologique, psychanalytique des événements ?

Au cours de guerres contre les rois amorites, des chefs d'armées demandent l'aide et l'intervention de Josué et de ses hommes.
Pour que Josué ait le temps de gagner la bataille, il demande au soleil de s'arrêter dans sa course.
Et le jour dure « comme deux jours » !

(cf. Josué 10)

Le roi Ézéchias apprend, par la bouche du prophète Ésaïe, que sa vie est arrivée à son terme. Le roi se tourne vers Dieu et demande à jouer les prolongations.
Dieu accorde cette rallonge (qui va durer quinze ans).
Mais Ézéchias veut une preuve ; il demande que l'ombre recule.
Et l'ombre recule de plusieurs degrés !

(cf. 2 Rois 20)

Saül est un roi décadent.
Depuis longtemps, son meilleur conseiller, le prophète Samuel, est mort.
Alors qu'il est à la veille d'une guerre contre les Philistins, Saül s'inquiète de l'avenir. Il recherche une nécromancienne à qui il demande de faire revenir Samuel du séjour des morts afin de profiter encore de ses conseils.Samuel apparaît et, très en colère, reproche à Saül de l'avoir dérangé !
Dans la foulée, il lui annonce qu'il mourra le lendemain, lui et tous les siens !
Et c'est ce qui se produisit !

(cf. 1 Samuel 28)

Le roi David voit, depuis son palais, les jardins de plusieurs demeures de la ville.
Et dans un de ces jardins, une très jolie femme est nue, faisant sa toilette.
David est fasciné par cette beauté et il va faire de cette femme, Bethsabée, sa maîtresse avant de devoir l'épouser alors qu'elle est enceinte de lui, et après avoir fait disparaître son mari.

Plus tard, tandis que David a déjà plusieurs enfants qui pourraient lui succéder, Bethsabée n'aura de cesse que ce soit le sien qui monte sur le trône, harcelant David jusque sur son lit de mort.
(cf. II Samuel 11)

Deuxième partie.
Dès que des sens cachés existent derrière une communication, la tentation de tout réduire à cette autre lecture à décrypter s'impose.
Mais ce n'est pas sans risque.
L'incroyablement révélateur et lumineux côtoie alors l'incongru et l'abracadabrant.
Sans épuiser la richesse et le burlesque, quelques pistes...

Du même auteur,
paru aux Editions First :

La Bible pour les Nuls
Code Isbn : 2-87691-800-5
Code article : 65 3681 7
Prix : 21,90 €

CET OUVRAGE
A ÉTÉ ACHEVÉ D'IMPRIMER
SUR ROTO-PAGE
PAR L'IMPRIMERIE FLOCH
À MAYENNE EN JUIN 2005

N° d'impr. 63274.
D.L. : février 2005.

(Imprimé en France)